Heino Masemann

Hauskreise

Baustein der Gemeindearbeit

BRUNNEN VERLAG GIESSEN/BASEL

Die Theologische Verlagsgemeinschaft (TVG) ist eine Arbeitsgemeinschaft der Verlage Brunnen Gießen und R. Brockhaus Wuppertal. Sie hat das Ziel, schriftgemäße theologische Arbeiten zu veröffentlichen.

*Meiner Frau
Sylke Ellmers-Masemann*

Die Deutsche Bibliothek – CIP-Einheitsaufnahme

Masemann, Heino:
Hauskreise – Baustein der Gemeindearbeit /
Heino Masemann. –
Giessen ; Basel : Brunnen-Verl., 1992
ISBN 3-7655-9060-6

© 1992 Brunnen Verlag Gießen
Umschlag: Friedhelm Grabowski
Satz: Typostudio Rücker & Schmidt, Langgöns
Herstellung: St.-Johannis-Druckerei, Lahr
ISBN 3-7655-9060-6

Inhalt

Einführung   7

1. Biblisch-historische Aspekte der Hauskreisarbeit   11
1. Hausversammlung und Hausgemeinde
   in urchristlicher Zeit   11
2. Die „dritte Weise" des Gottesdienstes nach Martin Luther   14
3. Die „collegia pietatis" bei Philipp Jakob Spener   16
4. Zwischenergebnis   18

2. Hauskreise in Gemeindeaufbaukonzepten   19
1. Hauskreise als bevorzugte Arbeitsform
   in missionarischen Gemeindeaufbaukonzepten   19
2. „Kirche für andere"   21
   a) Das Konzept des Gemeindeaufbaus   21
   b) Die Struktur der „Kirche für andere"   23
   c) Hauskreise als wesentliches Element
      der „Kirche für andere"   24
3. „Überschaubare Gemeinde"   26
   a) Das Konzept des Gemeindeaufbaus   26
   b) Die Struktur der „Überschaubaren Gemeinde"   28
   c) Hauskreise als wesentliches Element
      der „Überschaubaren Gemeinde"   29
4. Zwischenergebnis   31

3. Erfahrungen mit Hauskreisen in der Gemeindearbeit
   Ergebnisse einer Umfrage   34
1. Erläuterungen zur Durchführung der Umfrage   34

2. Signifikante Ergebnisse der Befragung — 35
   a) Auswertung der Fragebogen für Hauskreis-Teilnehmer — 35
   b) Auswertung der Fragebogen für Pfarrer — 38
3. Zwischenergebnis — 41

4. Perspektiven für die Gemeindearbeit — 42

1. Chancen der Hauskreisarbeit — 42
   a) Hauskreise sind ein Gegengewicht zur wachsenden Anonymität in Gesellschaft und Gemeinde — 42
   b) In Hauskreisen kann Gemeinschaft ganzheitlich gelebt werden — 44
   c) In Hauskreisen wird die Wirklichkeit des Leibes Christi erfahrbar — 46
   d) Hauskreise fördern einen mündigen Umgang mit Grundformen christlicher Lebensgestaltung und Frömmigkeit — 47
   e) In Hauskreisen wird der Glaube sprachfähig — 49
   f) Hauskreise befähigen zum Dienst in der Welt — 50
   g) Hauskreise vertiefen den Glauben — 51
   h) Hauskreise verwirklichen das Priestertum der Gläubigen — 52
   i) Hauskreise verfügen über ein großes „missionarisches Potential" — 53
   j) Hauskreise erreichen die „mittlere Generation" — 54
2. Gefährdungen der Hauskreisarbeit — 55
   a) Hauskreise können zur exklusiven Clique verkommen — 55
   b) Hauskreise können in der Sammlung erstarren — 56
   c) Hauskreise können sich in der Sendung verlieren — 57
   d) Hauskreise können pharisäisches Denken fördern — 58
   e) Hauskreise können zum Gemeindeersatz degenerieren — 59
   f) Hauskreise können zu Spaltungen in der Gemeinde führen — 60
3. Konsequenzen für die Gemeindearbeit — 61
   a) Hauskreise ernst nehmen und bewußt fördern — 61
   b) Hauskreise als Gemeinschaften im Hören und Beten, Feiern und Arbeiten verstehen — 62
   c) Verschiedene Hauskreis-Modelle unterscheiden — 62
   Exkurs: Eine bewährte Struktur für Hauskreisabende — 64

d) Die Ortsgemeinde sollte den Bezugsrahmen
der Hauskreisarbeit bilden   65
e) Ein „Hauskreis-Forum" als koordinierendes Gremium
einrichten   66
f) Direkten Kontakt zwischen Hauskreisen
und der Gemeindeleitung herstellen   67

Ausblick   68

Anhang I: Fragebogen für Hauskreis-Teilnehmer   69

Anhang II: Fragebogen für Pfarrer   79

Literaturverzeichnis   86

Anmerkungen   89

Einführung

Das vorliegende Buch geht der Frage nach, welche Bedeutung Hauskreise für die Arbeit in unseren Kirchen, Gemeinschaften und freien Werken haben. Es soll insbesondere aufgezeigt werden, welche Chancen und Gefährdungen sie als Element der Gemeindearbeit beinhalten und welche praktischen Konsequenzen daraus zu ziehen sind.

Den Hintergrund der folgenden Erörterungen bildet die These, daß Hauskreise gegenwärtig einen weithin unterschätzten, aber wichtigen „Baustein" der Gemeindearbeit darstellen. Dies gilt einerseits im Blick auf die im Raum der evangelischen Landeskirchen geführte Diskussion um Erneuerung und Zukunft der Volkskirche und andererseits im Blick auf die Erfahrungen der Gemeinschaften sowie freier Werke und Verbände wie etwa dem Christlichen Verein Junger Menschen (CVJM) und dem Jugendbund für Entschiedenes Christentum (EC) hinsichtlich ihrer dem Jugendalter entwachsenden Mitglieder.

Seit den frühen siebziger Jahren beschäftigt man sich in der Evangelischen Kirche mit der Zukunft der Volkskirche.[1] Auf Grund verschiedener großangelegter Umfragen, vornehmlich zum Gottesdienstbesuch und zur Entwicklung der Kirchenmitgliedschaft, kam man bereits 1977 zu der Einsicht, daß die Volkskirche gegenwärtig einer einschneidenden Strukturveränderung unterliege.[2]

Die von der Vereinigten Evangelisch-Lutherischen Kirche Deutschlands (VELKD) 1983 in die Diskussion eingebrachten „Aspekte einer missionarischen Doppelstrategie" bestätigen, daß die fraglose Stabilität der Volkskirche vorbei ist[3], und sprechen wegen des unaufhaltsam fortschreitenden Trends zum Abbruch christlicher Tradition in unserer Gesellschaft von einer Erosion der Volkskirche bis in ihren innersten Kern hinein: „Diese Erosion im Inneren zeigt sich zum Beispiel in der geringeren Einschätzung des Gottesdienstes, einem weitgehenden Ausfall religiöser Kindererziehung, einer schwindenden Glaubenspraxis, einem Familienleben ohne christliche Akzente. Vom Gott der Bibel weiß man weniger. In der säkularen Welt ist das ‚Umgehen mit Gott', wie es traditionell durch Bibel, Gebet, Gemeinschaft usw. geschah, fast zu etwas Fremdem geworden, das man erst wieder neu lernen müßte – bis in die Mitte der christlichen Gemeinden hinein. Manche sprechen davon, daß die christliche Gemeinde und ihre Glieder in der heutigen Welt, obwohl sie überall anwesend sind, sprachlos geworden seien. Welche Herausforderung für den Dienst der Kirche im großen wie im kleinen ergeben sich auf Grund dieser Entwicklung?"[4]

Die Doppelstrategie-Studie regt das bewußte Nebeneinander von verdichtenden und öffnenden Formen als komplementär zusammengehörende Ausprägungen kirchlicher Arbeit an, um die besorgniserregende Entwicklung in der Evangelischen Kirche zu stoppen.[5] Hauskreise werden dabei als eine von zahlreichen verdichtenden Formen missionarischer Arbeit in der Volkskirche genannt.[6]

Die Gemeinschaften, freien Werke und Verbände haben andere Probleme. Um die „geistliche Substanz" des Großteils ihrer Mitglieder ist es in der Regel gut bestellt. Die Möglichkeit allerdings, sich offen und persönlich über das Gelingen und Scheitern in der Nachfolge Jesu auszutauschen, besteht auch bei Gemeinschaften nur selten.

Viele CVJM-Ortsvereine und EC-Jugendgruppen wissen nicht, wie sie den veränderten Bedürfnissen und Ansprüchen der erwachsen gewordenen Jugendlichen gerecht werden können. Vielfach verlassen Mitglieder altersbedingt die Jugendgruppen, finden aber keinen Anschluß an andere, ähnlich geprägte Kreise in der Gemeinde. Die 20-35jährigen sind zwar vielfach noch Mitglied der Jugendvereine, hängen aber gemeindlich gesehen „in der Luft". Auch in diesem Zusammenhang stellen Hauskreise meines Erachtens eine sinnvolle Form der Gemeindearbeit dar.

Ich selbst bin seit mehr als zehn Jahren mit Hauskreisen vertraut. Als Teilnehmer sehr verschiedener Hauskreise habe ich wichtige Impulse für mein Leben in der Nachfolge Jesu Christi erhalten und zahlreiche praktische Erfahrungen in der Hauskreisarbeit gesammelt. Im Rahmen meines Dienstes koordiniere ich in der Gemeinde Hauskreisaktivitäten und schule auf übergemeindlicher Ebene Mitarbeiter in der Hauskreisarbeit.

Bei den Hauskreisen, mit denen ich zu tun habe, handelt es sich in der Regel um Gemeinschaften von 6 bis 12 Menschen, die sich regelmäßig für etwa zwei bis drei Stunden in der Wohnung eines der Teilnehmer treffen, um sich über persönliche Glaubens- und Lebensfragen auszutauschen. Im Mittelpunkt dieser, zumeist von engagierten Gemeindegliedern geleiteten Zusammenkünfte steht dabei in der Regel die Auseinandersetzung mit einem Bibeltext. Die Begegnung der Teilnehmer mit der Bibel auf dem Erfahrungshintergrund ihres Lebens bildet die Ausgangsbasis des Gespräches. Umrahmt werden solche Zusammenkünfte häufig von Gesang und Gebet.

Meinem persönlichen Engagement in der Hauskreisarbeit steht die aus zahlreichen Gesprächen gewonnene Einsicht gegenüber, daß Hauskreise häufig unter einem negativen Erwartungsdruck stehen. Für Gemeindeleiter aus dem landeskirchlichen genauso wie aus dem freikirchlichen Raum wie auch für Gemeindeglieder stehen Hauskreise vielfach von vornherein in einem Spannungsverhältnis zur übrigen Gemeindearbeit.

Immer wieder werden dieselben kritischen Anfragen ausgesprochen, nämlich:
– „Hauskreise sind elitäre Cliquen von Leuten, die sich als die besseren Christen fühlen. Sie fördern damit ein ‚Zwei-Klassen-Christentum' in der Gemeinde."
– „Für die Gemeindearbeit als Ganzes tragen Hauskreise nichts aus. Da versammeln sich ein paar Fromme und erbauen sich gegenseitig. Im Gottesdienst aber lassen sie sich nicht blicken."
– „Die schmoren da nur im eigenen Saft selbstgenügsamer Frömmigkeit. Neue Leute kommen nur selten dazu."
– „Hauskreis – das ist eine weltflüchtig-selbstzufriedene Sonderwelt, in der nur die Bibel gelesen und gebetet wird. Die gesellschaftspolitisch und ethischen Konsequenzen des Evangeliums aber bleiben unberücksichtigt. Auf diese Weise leisten solche Gruppen einer Privatisierung christlicher Existenz und einer Ghettoisierung des Evangeliums Vorschub."
– „Hauskreise begünstigen die Separation ihrer Mitglieder von der Ortsgemeinde."

Nun weiß ich aus meinen Erfahrungen mit Hauskreisen sehr wohl, daß die genannten Vorwürfe in *manchen* Gemeinden bzw. bei *einigen* Hauskreisen durchaus zutreffend sind. Jedoch rechtfertigt dieser Sachverhalt nicht – wie es häufig der Fall ist – eine *grund-*

sätzliche Ablehnung von Hauskreisen als Baustein der Gemeindearbeit.

Um im Blick auf die genannten kritischen Anfragen an die Hauskreisarbeit meine persönlichen Praxiserfahrungen zu erweitern, habe ich eine Fragebogenaktion durchgeführt und so weitere Informationen über Hauskreise im Kontext der Gemeindearbeit erhoben.

Da mir auffiel, daß betont kritische Anfragen an die Hauskreise vielfach von Personen kommen, die selbst keinerlei praktische Erfahrungen damit haben, befragte ich gezielt diejenigen Pfarrer und Gemeindeglieder, die Hauskreise aus persönlicher Anschauung kennen.

Die wichtigsten Leitfragen lauteten dabei:

1. Welche Erfahrungen mit Hauskreisen machen Pfarrer, in deren Gemeinde es solche Gruppen gibt? Wie schätzen diese Pastoren die Bedeutung von Hauskreisen für die Gemeindearbeit ein?

2. Welche Erfahrungen mit Hauskreisen machen Gemeindeglieder, die an solchen Zusammenkünften teilnehmen? Welche Auswirkungen hat die Teilnahme an Hauskreisen auf das Verhältnis der Gemeindeglieder zu ihrer Ortsgemeinde?

Die Ergebnisse dieser Erhebung werden im dritten Teil dieses Buches vorgestellt. Zuvor möchte ich die Gestalt, Funktion und Begründung biblisch-historischer Vorbilder heutiger Hauskreise aufzeigen und den besonderen Stellenwert von Hauskreisen in Gemeindeaufbaukonzepten erarbeiten. Abschließend werden die Chancen und Gefährdungen der Hauskreisarbeit auf Grund der theoretischen Erkenntnisse und praktischen Erfahrungen zusammengefaßt und daraus Konsequenzen für die Praxis gemeindlicher Arbeit mit Hauskreisen gezogen.

Erstes Kapitel

Biblisch-historische Aspekte der Hauskreisarbeit

1. Hausversammlung und Hausgemeinde in urchristlicher Zeit

Bereits im Neuen Testament und dann im 2. und 3. Jahrhundert n.Chr. sind Vorbilder heutiger Hauskreise als „Baustein der Gemeindearbeit" belegt. So berichtet etwa die Apostelgeschichte davon, daß sich Christen in Jerusalem (Apg 1,13f; 2,1f.46; 5,42; 12,12), in Korinth (Apg 18,7), in Troas (Apg 20,7f) und im Missionsgebiet des Paulus allgemein (Apg 20,20) in Privathäusern getroffen haben. Es handelte sich dabei um Zusammenkünfte, bei denen die Gläubigen gemeinschaftlich beieinander waren (Apg 1,13; 2,1), beteten (Apg 1,14; 12,12), das Herrenmahl feierten (Apg 2,46; 20,7), wo gelehrt und gepredigt wurde (Apg 5,42; 20,7.20).

In den Paulusbriefen begegnet eine feste Wendung, wonach sich die christliche Gemeinde „in einzelnen Häusern" bzw. „hausweise" versammelte. Danach hat es auch in der damaligen Welthauptstadt Rom mehrere solcher christlicher Hausgemeinden gegeben (Röm 16,5.14.15). Ferner ist für Ephesus, wo Paulus den 1. Korintherbrief schrieb, die Hausgemeinde von Aquila und Priska (1Kor 16,19) belegt, sowie für Laodizea der Kreis um Nymphas (Kol 4,15) und für Kolossä die Gemeinschaft um Philemon (Phlm 2) bezeugt. Außerdem dürfte Paulus auch von mehreren solcher Gemeinschaften in Korinth gewußt haben.[7]

Möglicherweise[8] sind in urchristlicher Zeit zwei „Typen" von Hausgruppen zu unterscheiden: die „Haus-Versammlung" und die „Haus-Gemeinde". Nach der lukanischen Beschreibung der Urgemeinde (vgl. Apg 2,42-47) waren die Christen in Jerusalem einerseits in verschiedene Hausversammlungen aufgeteilt. Andererseits trafen sie sich außerdem noch zum Gottesdienst im Tempel. Er war die gemeinsame Mitte der Christen in Jerusalem.

In den Missionsgebieten dagegen gab es zunächst nur eine häusliche Zusammenkunft der Christen am jeweiligen Ort. Sie war gleichzeitig auch eine Zusammenkunft zum gemeinsamen Gottesdienst. In diesem Zusammenhang ist daher korrekterweise von „Haus-Gemeinden" zu sprechen.

Wie fließend der Übergang von der Hausversammlung zur Hausgemeinde war, zeigt sich daran, daß für die nachneutestamentliche Zeit legendarisch berichtet wird, ein gewisser Theophilus in Antiochien habe sein großes Haus der christlichen Gemeinde zur Verfügung gestellt und zur Kirche weihen lassen.[9] Ein solches zur Hauskirche umgestaltetes antikes Haus, datiert auf das Jahr 232/33, wurde im Winter 1931/32 auch bei den Ausgrabungen des am Westufer des Euphrat gelegenen Dura-Europos gefunden.[10] Geht man von der Größe dieser Räumlichkeiten aus, so ist es wahrscheinlich, daß die Anzahl der Personen, die zu solch einer Hausgemeinde gehörten, zwischen zehn und höchstens vierzig lag.[11]

Die Anzahl der Menschen, die sich in einzelnen Häusern trafen, war in der Regel eingegrenzt und überschaubar. Es kann daher angenommen werden, daß in diesen Gemeinschaften nicht nur gelehrt und gepredigt wurde, sondern auch ein Austausch über Fragen der Gemeinde, des Glaubens an Christus und des Lebens in der Welt stattfand. Der Umstand, daß man sich in Privathäusern und nicht im gottesdienstlichen Bereich versammelte, gewährleistete zudem eine besondere Lebensnähe aller Gespräche und Glaubensäußerungen.

Die soziologische Zusammensetzung dieser christlichen Gemeinschaften dürfte je nach örtlichen und familiären Gegebenheiten von Gemeinde zu Gemeinde verschieden gewesen sein. Fest steht allerdings, daß keiner Personengruppe von vornherein die Teilnahme verwehrt war. Die Hausgruppen waren vielmehr offen für Christen jeglichen Alters, Geschlechts und gesellschaftlichen Standes: für Männer und Frauen, Eltern und Kinder, Junge und Alte, Arme und Reiche, Sklaven und Sklavenhalter.[12] Auf diese Weise wurde hier sichtbar und für den einzelnen zudem erfahrbar, wie dort, wo Menschen aus der Bindung an Jesus Christus heraus leben, eine neue Gemeinschaft unter ihnen entsteht (vgl. Gal 3,28; 2Kor 5,17).

Erwähnenswert im Blick auf urchristliche Vorbilder heutiger Hauskreise ist eine These des Neutestamentlers Hans-Josef Klauck. Er führt die in 1Kor 1 erwähnten verschiedenen Parteien und die sich daraus ergebenden Spannungen in Korinth auf ein Nebeneinander von Ortsgemeinde und verschiedenen, im Laufe der Zeit entstandenen Hausgemeinden zurück. Indem die Hausversammlungen sich innerhalb der Ortsgemeinde um dominierende Einzelpersönlichkeiten scharten, ihr eigenes theologisches Profil entwickelten und sich ein bestimmtes Etikett gaben, wurden sie, so Klauck, zum Nährboden für eine drohende Gemeindespaltung in Korinth.[13]

Andererseits darf die positive Bedeutung der frühchristlichen Zusammenkünfte in Privathäusern für ihre Zeit nicht unterschätzt werden! Das wird deutlich, wenn man sich – im Blick auf das bisher Gesagte – vor Augen führt, daß solche „Hauskreise" ein Ort waren, „wo die in der Antike besonders gravierenden soziologischen und ethnisch-religiösen Barrieren zwischen Juden und Heiden, Freien und Unfreien, Männern und Frauen, Hoch und Niedrig, Gebildet und Ungebildet zerbrochen und vergleichgültigt wurden zugunsten und von der einen neuen Bindung aller an Christus als den Herrn".[14] Über dem gemeinsamen Gebet und der Mahlgemeinschaft wuchsen in den Hausgruppen Menschen zu dem einen, vielgestaltigen Leib Christi zusammen, der alle sozialen Schranken der antiken Gesellschaft sprengte. Weil diese Gemeinschaften der Versöhnten über die reine Wortverkündigung hinaus für Neubekehrte aller Schichten offen waren und einen Lebensraum in Gemeinschaft und Freiheit anboten, wiesen sie über sich selbst hinaus. Darin wurzelte auch die besondere missionarische Wirkung solcher Kreise inmitten der zahlreichen religiösen Vereine jener Zeit.[15]

Aufs Ganze gesehen ist die Bedeutung der Hausversammlungen und -gemeinden für die Zeit des Urchristentums nicht hoch genug anzusetzen; denn sie waren ein Ort, an dem geistliche Gemeinschaft, christliche Versöhnung und menschliche Solidarität nicht blasse Theorie blieben, sondern erfahrbar wurden. Die ur- und frühchristlichen Zusammenkünfte in Privathäusern waren in der Ursprungsgeschichte des Christentums „Gründungszentrum und Baustein der Ortsgemeinde, Stützpunkt der Mission, Versammlungsstätte für das Herrenmahl, Raum des Gebets, Ort der katechetischen Unterweisung, Ernstfall der christlichen Brüderlichkeit".[16] Damit aber sind Hauskreise sozusagen ein „Grundbaustein" christlicher Gemeindearbeit überhaupt.

2. Die „dritte Weise" des Gottesdienstes nach Martin Luther

Im weiteren Verlauf der Kirchengeschichte nahm die Bedeutung von Hausversammlungen und Hausgemeinden immer mehr ab. Das Anwachsen der christlichen Gemeinden, das Aufkommen und die Ausgestaltung der einzelnen Ämter innerhalb dieser Gemeinden und die sich wandelnden Anforderungen der Zeit waren der Grund dafür.

Es ist Martin Luther, bei dem der Gedanke einer Hausversammlung schließlich in neuer Weise wieder begegnet. In der 1526 erschienenen Vorrede[17] seiner Schrift „Deutsche Messe" legt Luther sein Verständnis des Gottesdienstes dar. Er unterscheidet drei Arten des Gottesdienstes: Erstens die Messe in lateinischer Sprache, zweitens den Gemeindegottesdienst in deutscher Sprache und drittens eine Versammlung derer, die mit Ernst Christen sein wollen.

Die beiden ersten Weisen des Gottesdienstes allein sieht Luther als ungenügend an. Er wünscht sich daher zusätzlich eine christliche Hausversammlung:

„Aber die dritte Weise (des Gottesdienstes), welche die rechte Art der evangelischen Ordnung (an sich) haben sollte, dürfte nicht so öffentlich auf dem Platz unter allerlei Volk geschehen. Sondern diejenigen, die mit Ernst Christen sein wollen und das Evangelium mit der Tat und dem Munde bekennen, müßten sich mit Namen (in eine Liste) einzeichnen und sich etwa in einem Haufen für sich allein versammeln zum Gebet, (die Schrift) zu lesen, zu taufen, das Sakrament zu empfangen und andere christliche Werke zu üben."[18]

Die Personen, die sich zu dieser Art des Gottesdienstes treffen, finden sich also auf Grund einer gemeinsamen Glaubensüberzeugung zusammen. Die Gemeinschaft, die sie bilden, bekommt dadurch, daß man sich in eine Liste einschreiben soll, einen sehr verbindlichen Charakter.

Martin Luther schreibt weiter, daß in dieser Gemeinschaft auch der seelsorgerliche Rahmen gegeben sei, um aneinander Kirchenzucht zu üben. Außerdem könnten dort Kollekten gesammelt und unter den Armen aufgeteilt werden:

„In dieser Ordnung könnte man die, welche sich nicht christlich hielten, kennen, strafen, bessern, ausstoßen oder in den Bann tun nach der Regel Christi Matth 18,15ff. Hier könnte man den Christen auch ein gemeinsames Almosen auferlegen, das man freiwillig gäbe und unter die Armen nach dem Vorbild des Paulus austeilte (2Kor 9,1)."[19]

Neben dem Recht auf Kirchenzucht und Selbständigkeit im Blick auf die Erhebung und Verwendung finanzieller Opfer geht Luther sogar soweit, diesen christlichen Gemeinschaften volle Sakramentsverwaltung zuzugestehen:

„Hier könnte man auch Taufe und Sakrament auf eine kurze feine Weise halten."[20]

Damit aber haben für Luther solche Zusammenkünfte in Häusern den Stellenwert einer unabhängigen Gemeinde in der Gemeinde.

Neben dem Sakrament sollen diese Treffen ganz auf das Lesen der Bibel, das Gebet und die geschwisterliche Liebe ausgerichtet sein.

Alles zusammen macht deutlich, daß sich der Reformator bei diesem Vorschlag vom Grundsatz des allgemeinen Priestertums aller Gläubigen hat leiten lassen.[21]

Allerdings sah Luther 1526 noch keine Möglichkeit, seine „Hauskreis-Ideen" in die Tat umzusetzen:

„In Kürze: wenn man die Menschen und Personen hätte, die mit Ernst Christen zu sein begehrten, die Ordnungen und Regeln dafür wären bald gemacht. Aber ich kann und mag solche Gemeinde oder Versammlung noch nicht ordnen oder anrichten. Denn ich habe noch nicht die Menschen und Personen dazu, ebenso sehe ich auch nicht viele, die sich dazu drängen. Kommts aber dazu, daß ichs tun muß und dazu gedrängt werde, so daß ichs mit gutem Gewissen nicht lassen kann, so will ich das Meine gerne dazu tun und auf das beste, so ichs vermag, helfen. Bis dahin will ichs bei den angeführten zwei Weisen (des Gottesdienstes) bleiben lassen und öffentlich unter dem Volk solchen Gottesdienst über die Predigt hinaus fördern helfen, um die Jugend zu üben und die andern zum Glauben zu rufen und anzureizen, bis daß sich die Christen, welche das Wort mit Ernst meinen, von selbst finden und auf einer Änderung bestehen (auf daß nicht eine Spaltung draus werde, wenn ichs von mir aus betreiben wollte. Denn die Deutschen sind ein wildes, rohes, tobendes Volk, mit dem nicht leicht etwas anzufangen ist, es treibe denn die höchste Not)."[22]

Der Reformator verzichtete also nicht deshalb auf die Einrichtung von Hausversammlungen, weil er dieses Element der Gemeindearbeit für sachlich falsch gehalten hätte, sondern lediglich, weil ihm noch die Menschen fehlten, die mit Ernst Christen sein wollten. Ohne die richtigen Personen aber sah er die Gefahr, daß solche selbständigen geistlichen Lebensgemeinschaften Konflikte in der Gemeinde nach sich ziehen könnten. Interessanterweise sieht Luther diese Gefährdung aber nicht in der besonderen „Gottesdienstform" selbst begründet, sondern im Charakter der Deutschen. In diesem Zusammenhang dürften seine Erfahrungen mit der Täuferbewegung zum Tragen gekommen sein. Vielleicht ist das der Grund dafür, daß Luther auch später nie versuchte, die „dritte Weise" des Gottesdienstes in die Praxis umzusetzen.

Insgesamt erinnern Martin Luthers Vorschläge sehr stark an das von Lukas gezeichnete gottesdienstliche Leben der Jerusalemer Urgemeinde (Apg 2,46).

3. Die „collegia pietatis" bei Philipp Jakob Spener

Im 17. Jahrhundert wurden Luthers Gedanken durch die kirchlichen Reformen Philipp Jakob Speners und die dadurch angestoßene Bewegung des Pietismus neu aufgegriffen und in modifizierter Form auch in die Tat umgesetzt.

Seit 1670 fanden in Speners Haus sogenannte „collegia pietatis" statt, regelmäßige Konventikel solcher, die mit Ernst Christen sein wollten.[23] Die Initiative dazu ging von einigen Gemeindegliedern aus. Indem Spener sich an diesen Erbauungsveranstaltungen beteiligte und sie in seinem Haus stattfinden ließ, entzog er sie der Gefahr „esoterischer Privatfrömmigkeit".[24] Obwohl ihm damit die „Verkirchlichung" der collegia pietatis gelang, kam es dennoch bald dazu, daß „einzelne Fromme sich von der Bewegung lösten und, ganz wider Willen Speners, in die Segregation abglitten".[25]

Seit der Entstehung des Konventikels in seinem Haus arbeitete Spener konsequent an der Begründung und Verbreitung des collegia-Gedankens, wobei er sich ausdrücklich auf Luthers Vorrede zur Deutschen Messe bezog.[26] In seinen zuerst im September 1675 als Vorrede zur Neuauflage von Johann Arndts Postille erschienenen „Pia Desideria" legte er die diesen neuen Erbauungsveranstaltungen zu Grunde liegende Idee ausführlich dar.

Der dritte Abschnitt der Vorrede enthält Speners Reformvorschläge für die Kirche seiner Zeit. Hier fordert er im wesentlichen, das Wort Gottes verstärkt unter die Christen zu bringen. Der Predigtgottesdienst allein reiche dazu jedoch nicht aus. Er hält es daher für notwendig, daß sich jeder Christ selbst in privater Lektüre eingehend mit der Bibel beschäftigt, daß die biblischen Bücher in Gemeindeveranstaltungen nacheinander ohne nähere Erklärungen verlesen werden[27] und „daß wir wiederum die alte apostolische Art der Kirchenversammlungen in Gang brächten: Also daß neben unseren gewöhnlichen Predigten (Gottesdiensten) auch andere Versammlungen gehalten würden, auf die Art, wie sie Paulus 1.Korinther 14 beschreibt, wo nicht einer allein auftritt zu lehren (welches ja bleibt an anderer Stelle), sondern auch andere mit dazu reden, die mit Gaben und Erkenntnis begnadet sind".[28]

Spener versteht somit die Einrichtung solcher „collegia pietatis" als einen wichtigen Teil der notwendigen Kirchenreform.

Diese Versammlungen, die Spener sich sowohl für Pfarrer untereinander als auch für Gemeindeglieder unter Anleitung eines Pfarrers wünschte, sollen in geordneter Weise stattfinden und öffentlichen Charakter haben. Mit dem Ziel, daß Gott geehrt wird und die Christen geistlich wachsen, soll in diesen Kreisen die Bibel gelesen und in schlichter Weise brüderlich darüber gesprochen werden. Für diejenigen, die Zweifel haben, besteht die Möglichkeit, diese vorzutragen und die Mitchristen um Erläuterungen zu bitten. Auf diese Weise werden alle Teilnehmer zu einem vertieften Verständnis der Bibel geführt.[29]

Es ist Speners ausdrückliches Anliegen, den gemeindlichen Gottesdienst nicht abzuwerten, sondern ihn vielmehr durch erbauliche Kreise in der Gemeinde zu ergänzen. Indem er dabei die Gemeinschaft der Christen als einen Organismus mit vielfältigen Gaben und Erkenntnissen versteht, die in solchen Kreisen zum Zuge kommen können, versucht er, das allgemeine Priestertum aller Gläubigen in der Kirche zu verwirklichen.

Speners damalige Impulse wirken bis in die Gegenwart in den pietistischen Gemeinschaften und entsprechend geprägten christlichen Kreisen und Gemeinden weiter.

4. Zwischenergebnis

Hauskreise als Baustein der Gemeindearbeit stehen in einer Tradition, deren Wurzel im Neuen Testament liegt und die an entscheidenden Wendepunkten der Kirchengeschichte jeweils neu aufgegriffen wurde. Jedes der erwähnten Vorbilder heutiger Hauskreise zeichnet sich durch charakteristische Eigenarten aus, die vom historischen und soziologischen Kontext, in dem die christliche Gemeinde jeweils lebte, geprägt wurden. Die verschiedenen genannten „Modelle" von Hausversammlungen und Hausgemeinden lassen sich daher nicht ohne weiteres miteinander und mit den Hauskreisen, die uns heute begegnen, vergleichen.

Folgende Übereinstimmung ist allerdings bei den skizzierten Zusammenkünften in Privathäusern festzuhalten: Es handelt sich jeweils um eine kleine überschaubare geistliche Gemeinschaft von Christen, die sich zusammenfinden, um sich, ausgehend vom Wort der Schrift, über Fragen des Glaubens und Lebens miteinander auszutauschen.

Dieses Charakteristikum nun läßt sich mit dem erwähnten Lebenskontext der Gruppen nicht erschöpfend begründen. Es wurde darin wohl vielmehr zu allen Zeiten eine besondere Chance dieser Ausprägung christlichen Gemeindelebens gesehen.

Es ist weiter festzuhalten, daß diese Art von Versammlungen von Anfang an nie ohne Gefährdungen waren: In Korinth drohten sie die Gemeinde zu spalten. Martin Luther mochte sie nicht einrichten, weil er noch nicht die Leute hatte, die mit Ernst Christen sein wollten, was offensichtlich für ihn eine Voraussetzung dafür war, daß daraus keine Gemeindespaltungen entstehen. Philipp Jakob Spener schließlich strebte aus diesem Grunde bewußt danach, die Erbauungskreise von vornherein in das offizielle kirchliche Leben einzubinden, aber auch ihm gelang es nicht immer, ein Abgleiten mancher Kreise in die Segregation abzuwehren.

Zweites Kapitel
Hauskreise in Gemeindeaufbaukonzepten

1. Hauskreise als bevorzugte Arbeitsform in missionarischen Gemeindeaufbaukonzepten

Hauskreise finden sich heute in zahlreichen Gemeinden als Baustein der Gemeindearbeit. Spürt man der Entstehungsgeschichte dieser Hauskreise nach, so stellt sich in der Regel heraus, daß sie auf Impulse pietistisch-erwecklicher Frömmigkeit, entweder seitens engagierter Gemeindeglieder oder seitens der Gemeindeleitung, zurückgehen.[30] Es handelt sich damit also vielfach um eine Frucht der Anregungen Speners.

Eine theologische Reflexion dieser Ausprägung kirchlicher Arbeit, ihres Stellenwertes und ihrer Funktion innerhalb des Ganzen der Gemeindearbeit, findet im Zusammenhang mit der Bildung solcher Hauskreise zunächst nur selten statt. Dazu kommt es meist erst im Vollzug der Hauskreisarbeit, etwa dann, wenn Schwierigkeiten auftreten oder es darum geht, neben den bereits bestehenden noch weitere Hauskreise zu bilden.

Wenn allerdings doch einmal im Zusammenhang mit der Gemeindearbeit in theologisch reflektierter Weise von Hauskreisen die Rede ist, so geschieht dies im Rahmen von Gemeindeaufbaukonzepten. Von ihnen darf daher eine fundierte und differenzierte Antwort auf die Leitfragen dieses Buches erwartet werden.

Unter Gemeindeaufbau verstehe ich ganz allgemein „das Geschehen, in dem Jesus Christus seine Gemeinde schafft und sie befähigt, aus der Kraft des Evangeliums ihren missionarischen, seelsorgerlichen, diakonischen und liturgischen Auftrag zu erfüllen. Die Gemeinde folgt dem Willen ihres Herrn, indem sie sich bemüht, in planmäßig fortschreitender Arbeit Strukturen des Gemeindelebens zu entwickeln, die dem Heilshandeln Christi dienen. Sie ist verpflichtet, alle verfügbaren methodischen Möglichkeiten zu nutzen, die geeignet sind, lebendige Gemeinde bauen zu helfen. Sie muß dabei jedoch wissen, daß ihr das heilschaffende Tun Gottes niemals verfügbar wird (CA V)."[31]

Im Folgenden werden zwei profilierte Konzeptionen des Gemeindeaufbaus danach befragt, welchen Stellenwert und welche Funktion sie Hauskreisen als Baustein der Gemeindearbeit zuordnen und wie dies jeweils theologisch begründet wird.

Bei der Auswahl der Konzepte habe ich mich von einem Überblick über „Konzeptionen des Gemeindeaufbaus" von Michael Herbst leiten lassen.[32] Er nennt Hauskreise als bevorzugte Arbeitsform bei den Entwürfen „Kirche für andere" und „Überschaubare Gemeinde".

Obwohl sich diese Konzepte theologisch sehr unterscheiden, verstehen sie sich beide ausdrücklich als „missionarisch". Das jeweilige Verständnis von „Mission" und „missionarisch" läßt bereits deutlich werden, wo die Differenz zwischen beiden Entwürfen liegt.

Grundsätzliche Übereinstimmung besteht bei beiden Entwürfen zwar darin, daß die Kirche ihrem Ursprung und Wesen nach einen missionarischen Auftrag hat. Christen sind immer Gesandte Gottes, die den Heilswillen Gottes in die Welt hineinzutragen und zu leben haben. Die Stoßrichtung, mit der der Begriff des Missionarischen in den Konzepten aber jeweils gebraucht wird, ist sehr verschieden.[33]

Die „Kirche für andere" betont die weltumspannende Dimension des Missionarischen: Mission betrifft weniger den einzelnen als vielmehr die Gemeinschaft der Menschen und die Welt als Schöpfung Gottes. Das Ziel der Mission ist die Aufrichtung des *schalom* in der Welt, und missionarisches Wirken wird von daher als Mitarbeit an der Veränderung der Verhältnisse und Strukturen der Welt verstanden. Auf diese Weise soll die Heilsabsicht Gottes für seine Schöpfung verwirklicht werden.

Die „Überschaubare Gemeinde" betont dagegen die persönliche Dimension des Missionarischen: Mission betrifft zunächst den einzelnen. Deswegen ist das Ziel der Mission auch das Heil des einzelnen, das im Frieden des Individuums mit Gott begründet ist. Dieser „Herzensfriede" wird dort gefunden, wo sich der Mensch in einer bewußten Umkehr zu Jesus Christus hinwendet.

2. „Kirche für andere"

a) Das Konzept des Gemeindeaufbaus

Das Konzept einer „Kirche für andere"[34] ist der Ertrag der ökumenischen Studienarbeit über die Frage nach Strukturen missionarischer Gemeinde. Die Diskussion darüber bestimmte die Arbeit der Vollversammlungen des Ökumenischen Rates der Kirchen in Neu-Delhi (1961) und Uppsala (1968).[35] Zu den profilierten Vertretern dieses Entwurfs gehören die Theologen Hans Jochen Margull, Johannes Christiaan Hoekendijk und Werner Krusche.

Theologischer Kern dieses Konzeptes ist das Verständnis, daß Gott ein missionarischer Gott ist und Mission sein ausdrücklicher Wille. Diesem Ansatz entspricht es, daß die Mission hier ihren theologischen Ort in der Gotteslehre und nicht, wie sonst üblich, in der Lehre von der Kirche hat.[36]

Gott hat die Absicht, den Menschen und die Schöpfung wiederherzustellen und zu deren ursprünglichen Bestimmung zurückzuführen. Deswegen sandte er Christus, der als der Missionar schlechthin zu verstehen ist.[37] Mit seiner Sendung begann das Zeitalter der Mission. Er, „Christus, ist das Subjekt der Evangelisation"[38], der Mission Gottes.

Ziel der Mission Gottes ist die „Aufrichtung des Schalom" als Heil und Wohl des Menschen.[39] Schalom aber meint „viel mehr als persönliches Heil! Er ist Frieden, Integrität, Gemeinschaft, Harmonie und Gerechtigkeit".[40] Der Akzent liegt dabei auf einem heilen menschlichen Miteinander.[41]

Wie jeder Christ, so ist auch die Kirche berufen, an der Sendung Jesu Christi teilzunehmen und auf das genannte Ziel hinzuarbeiten. Die Kirche ist in die Mission Gottes als eines ihrer Instrumente miteinbezogen, ohne daß die Mission Gottes in ihr aufgeht. Mission ist „nicht eine Funktion der Kirche, sondern Kirche eine Funktion der Mission Gottes".[42] Kirche ist ihrem Wesen und ihrer Struktur nach daher entweder missionarische Kirche, oder sie ist gar keine Kirche. Insgesamt allerdings ist die Kirche für Gottes Mission nur von zweitrangigem Interesse, da er sich auch anderer Werkzeuge für die Durchsetzung seines Willens bedienen kann und auch bedient, z.B. geschichtlicher Entwicklungen.[43]

Damit wendet sich dieser Entwurf entschieden gegen jedes kirchenzentrische Denken. Er betont stattdessen, daß die Welt im Zentrum des Interesses und Handelns Gottes steht. Deswegen darf die Kirche, will sie ihrem Auftrag gerecht werden, nicht darauf abzielen, ihren Einflußbereich in der Welt zu vergrößern, sondern muß vielmehr selbst ganz in der Welt sein und als „Kirche für andere" für die Welt da sein.[44]

Es ist charakteristisch für dieses Konzept, daß es nicht nötig ist, die Menschen zum Heil in Jesus Christus zu rufen. Die Welt ist, so wird behauptet, bereits durch das Christusgeschehen qualitativ verändert, nämlich erlöst: „Durch die Auferstehung des neuen Menschen, Christus Jesus, ist jeder Mensch zu einem Glied der neuen Menschheit geworden."[45] Dies gilt unabhängig davon, ob ein Mensch glaubt oder nicht.

Der „Vorsprung", den die Menschen „innerhalb der Mauern der Kirche" gegenüber denen haben, die „außerhalb der Mauern der Kirche" stehen, ist lediglich ein erkenntnismäßiger: Die einen wissen bereits von ihrer Erlösung, die anderen müssen es noch erfahren.[46] Insofern kann und darf es kein Gegenüber der Kirche zur Welt geben. Vielmehr hat die Kirche „der übrigen Welt von vorn ihre bereits geschehene Rettung zu bezeugen"[47] „und lädt sie ein zu sein, was sie durch Christus schon ist".[48]

Konkret geschieht dies, indem die Kirche in einen Dialog mit der Welt eintritt, in Solidarität mit ihr lebt und in den Problemen und Nöten der Welt präsent ist, um auf diese Weise deutlich zu machen, was Gottes Wille mit allen Menschen ist.[49] Da die Kirche weiß, daß Gott in den geschichtlichen Bewegungen und gesellschaftlichen Prozessen am Werk ist, um die Geschichte zu ihrem Ziel, dem Hervortreten des Reiches Gottes in der Geschichte, zu führen, gehört es zu ihrem Auftrag, Gottes Geschichtshandeln zu interpretieren,[50] und selbst aktiv an diesem Handeln Gottes in der Welt mitzutun: „Weil die Kirche weiß, daß die Welt durch Christus irreversibel gewandelt und in beständige Wandlungen versetzt worden ist…, hat sie ihren Wandel in den Wandlungen der Welt und muß sie sich verantwortlich in die weltverändernden Entwicklungen verwickeln lassen. Diese aktive Teilnahme an den gesellschaftlichen Prozessen in der Zusammenarbeit mit Nichtchristen ist Dienst an der *missio Dei* und also selbst Mission."[51]

b) Die Struktur der „Kirche für andere"

Damit die „Kirche für andere" ihren Auftrag erfüllen kann, ist ein grundlegender Wandel kirchlicher Strukturen unabdingbar.[52] Als Kriterium für alle Arbeits-, Lebens- und Organisationsformen der christlichen Gemeinde gilt dabei, daß sie flexibel, differenziert und kohärent sein müssen.[53] Aus dieser Vorgabe hat der Entwurf einer „Kirche für andere" strukturelle Schwerpunkte des Gemeindeaufbaus herausgebildet, für die jeweils das Moment der Sendung leitend ist[54].

Ausgehend von der Einsicht, daß die traditionelle (volkskirchliche) Ortsgemeinde der Verschiedenheit der Lebensbereiche des Menschen in der industriellen Gesellschaft (Wohn-, Lebens-, Arbeits-, Freizeit-, Bildungswelt) nicht mehr gerecht wird, müssen ergänzend „Kleine Gemeinden" gebildet werden. Diese zahlenmäßig begrenzten Gruppen von Christen treffen sich außerhalb gemeindlicher Räume. Auf Grund ihrer Größe vermögen sie flexibel und differenziert auf die Bedürfnisse der jeweils dazugehörenden Menschen einzugehen.[55] Von der Funktion her kann es sich bei den „Kleinen Gemeinden", je nach Bedürfnis, um Gemeinschaften mit einem ausgeprägten geistlichen Leben handeln, oder um Gruppen, die an einem „Brennpunkt missionarischen Handelns in der Welt" zusammenarbeiten.

Grundsätzlich werden die „Kleinen Gemeinden" als gleichberechtigte und selbständige Formen christlicher Gemeinde angesehen: „Unter dem Heiligen Geist suchen die ‚Kleinen Gemeinden' ... betend, verkündigend und dienend in neuen Gebieten und Situationen anwesend zu sein wie die Parochialgemeinden in den bisherigen. Wir müssen sie deshalb auch als (legitime) Formen der Kirche, als Gemeinden im ekklesiologischen Sinne anerkennen. Sie haben den Anspruch auf den Empfang und die Weitergabe von Wort und Sakrament."[56]

Abgeleitet vom Kriterium der Kohärenz bedarf es neben diesen Gruppen einer „zonalen Struktur" (sogenannte Raumschaften) als koordinierende Ebene für die missionarischen Aktivitäten einer Region. Die „zonale Struktur" sorgt als übergeordnete Organisationseinheit für die Verzahnung der unterschiedlichen Dienstgruppen, Gemeinden und Pfarrämter ihres Bereiches und bietet auf regionaler Ebene ergänzende Veranstaltungen und hochqualifizierte Dienste an. Außerdem liegt bei ihr die leitende Verantwortung für die missionarische Strategie der Region.[57]

Die Einsicht, daß Mission und Gottesdienst nicht voneinander zu trennen sind und Gestalt und Inhalt des Gottesdienstes ganz vom Auftrag der Mission Gottes bestimmt sein sollen, macht eine Gottesdienstreform nötig. Es müssen neue, experimentelle Gottesdienstformen ausprobiert werden.[58]

Schließlich ergibt sich aus diesem Ansatz auch ein neues Amtsverständnis. Die traditionelle Unterscheidung zwischen Geistlichen und Laien hat lediglich funktionale Bedeutung. Der Laie rückt nun stärker in den Mittelpunkt des Interesses. Er lebt mitten in der Welt und ist somit der eigentliche Missionar einer „Kirche für andere". Durch seine Teilnahme am Arbeitsprozeß, in politischen und gesellschaftlichen Organisationen, hat er gegenüber dem Theologen die größere Kompetenz, wenn es um die Mitwirkung der Kirche an der Mission Gottes geht. Dem Theologen kommt in erster Linie die Aufgabe zu, dem Laien bei seinem Dienst Hilfestellung als Fachmann und Ausbilder in theologischen Fragen zu geben.[59]

c) Hauskreise als wesentliches Element der „Kirche für andere"

Hauskreise tauchen im Entwurf einer „Kirche für andere" als eine mögliche Gestalt „Kleiner Gemeinden" auf.[60] Somit stellen sie hier also Gemeinden im vollen ekklesiologischen Sinne dar, die die traditionelle Ortsgemeinde ergänzen.[61]

Der holländische Theologe Johannes Christiaan Hoekendijk verweist interessanterweise bei der Begründung dieser Art von Gemeinden ausdrücklich auf Luthers Gedanken einer dritten Weise des Gottesdienstes.[62] Für Hoekendijk sind Hauskreise auch die wirkliche apostolische Gestalt der Kirche in der Welt[63] und die unklerikale Gestalt der Kirche der Zukunft in einer Welt, in der die Christenheit eine ständig abnehmende Minderheit darstellt. Die Vorausschauenden haben daher längst ihre Strategie des Gemeindeaufbaus auf diese kleinen „Zellen", „Kerne" aufgebaut.[64]

Was ihre Funktion und Gestalt betrifft, so sollen Hauskreise nach Hoekendijk „fest zusammengefügt sein, ohne dadurch ihre Offenheit zu verlieren, sie sollten ein intensives gemeinsames Leben führen, ohne sich damit in ein Ghetto zu begeben. Sie sollten in entschiedener Hingegebenheit leben ... und gleichzeitig zum Dienst bereit sein".[65]

Werner Krusche betont die Chancen des Hauskreises für Menschen, die neu zur christlichen Gemeinde finden. Im Gegensatz zum sonntäglichen Gottesdienst stellen Hauskreise eine gemeindliche Lebensform dar, welche die für den Glauben neu Gewonnenen nicht völlig aus ihrem bisherigen Lebensumfeld herausreißt, sondern bewußt in ihrer Alltagswelt als Gemeinde leben läßt. Hausgemeinde ist „Gemeinde im weltlichen Milieu; hier emigriert man nicht aus der Alltagswelt in einen kirchlichen ‚Raum', sondern kommt an dem Ort des gelebten Lebens zusammen, hier kann man so reden und sich so geben, wie man es gewöhnt ist".[66]

In Hauskreisen finden Menschen zusammen, die nachbarlich beieinander wohnen oder aus benachbarten beruflich-sozialen Gruppen kommen. Sie können sehr verschieden geprägt sein und gerade dadurch flexibel und differenziert den jeweiligen Bedürfnissen der Menschen entsprechen. Da jeder Hauskreis anders ist, kann ein Außenstehender in den Kreis der Gemeinde eingeführt werden, „der für sein Milieu am gemäßesten ist und ihm die meisten Chancen bietet, sein Jüngersein nicht in klischierter, sondern in eigenwüchsiger Weise zu realisieren".[67]

Die Gestaltung der Zusammenkünfte in Hauskreisen ist so vielfältig wie die christliche Gemeinde selbst. Neben dem bereits Genannten wird dort gemeinsam die Bibel gelesen und das Evangelium mit den Lebenserfahrungen der Teilnehmer zusammengebracht. Es wird Seelsorge aneinander geübt und neu Gewonnene werden für die Teilnahme an der Mission Gottes gewonnen.[68]

Insgesamt gesehen sind Hauskreise ein wesentliches Element der missionarischen Struktur einer „Kirche für andere". Sie ermöglichen die Gemeinschaft und den Dienst der Christen aneinander. Durch den Dienst an den Orten der Welt bewahren sie davor, daß Christen in sich selbst verkrümmt leben.

Krusche kann sich sogar vorstellen, daß sich die zukünftige Ortsgemeinde einer „Kirche für andere" einmal zusammensetzten wird „aus solchen kleinen, bruderschaftlichen Gemeinschaften, solchen Zellen kommunikativen Lebens, die zusammengehalten werden durch den sonntäglichen Gottesdienst der ganzen Gemeinde".[69] Dann würden die Hauskreise Erfahrungen aus ihrem Dienst in der Welt in den Gottesdienst einbringen und auf diese Weise zu einer Erneuerung des Gottesdienstes durch intensiveres Lob, konkretere Fürbitte, bewußteres Hören und neue Dankbarkeit beitragen.[70]

3. „Überschaubare Gemeinde"

a) Das Konzept des Gemeindeaufbaus

Das Konzept „Überschaubare Gemeinde"[71] ist aus der Praxis missionarischer Arbeit verschiedener Gemeinden im Kirchenkreis Herne (Evangelische Kirche von Westfalen) hervorgegangen. Den Hintergrund bilden also, noch wesentlich stärker als bei der „Kirche für andere", volkskirchliche Erfahrungen. Fritz Schwarz, der 1985 verstorbene langjährige Superintendent des Kirchenkreises Herne, hat dieses Gemeindeaufbaukonzept, unter Mitwirkung von Pfarrern aus Herne und seines Sohnes Christian, veröffentlicht.[72]

Die folgenreichste theologische Entscheidung dieses Entwurfs betrifft das zu Grunde liegende Kirchenverständnis. Als Maßstab für den Gemeindeaufbau wird das aus neutestamentlichen Aussagen erhobene Bild von Gemeinde Jesu Christi genommen. Fritz und Christian A. Schwarz kommen dabei zu dem Schluß, daß es, trotz aller geschichtlich bedingten und unterschiedlich geprägten neutestamentlichen Aussagen, für das Wesen der „wirklichen" christlichen Gemeinde (sie verwenden hierfür den neutestamentlichen Ausdruck für Kirche „Ekklesia") drei unveränderliche und grundlegende Kennzeichen gibt: Glaube, Gemeinschaft und Dienst.[73] Die Ekklesia wird von ihnen dementsprechend definiert als „eine personale Gemeinschaft mit Jesus und mit Schwestern und Brüdern, deren Glaube in der Liebe tätig wird".[74]

Die Grenzen der wahren Kirche, der Ekklesia, werden in dem Entwurf eindeutig bestimmt: „Hat ein Mensch ein persönliches Verhältnis zu Jesus und zu Schwestern und Brüdern, dann ist er

Christ. Hat er es nicht, dann ist er kein Christ, sondern muß ... zum Glauben gerufen werden."[75]

Es ist für das Konzept „Überschaubare Gemeinde" von fundamentaler Bedeutung, daß die vorfindliche Kirche als Institution nicht mit der Ekklesia identifiziert wird. Die Herner Theologen argumentieren hier auf dem Hintergrund landeskirchlicher Erfahrungen, wo die Zugehörigkeit zur Kirche Jesu Christi vielfach allein auf Grund der vollzogenen Taufe festgestellt wird. Gemeindeaufbau kann aber nur geschehen, wenn Kirche und Ekklesia konsequent voneinander unterschieden werden.[76] Das Ziel dieses Gemeindeaufbaukonzeptes ist das Ereignis- und Gestaltwerden der Ekklesia innerhalb der, wie sie formulieren, „Kircheninstitution".[77]

Das Verhältnis zwischen Kirche als Institution und Ekklesia wird in der Folge rein funktional verstanden. Einerseits wird auf den Wert hingewiesen, den die Kirche für die Ekklesia hat, andererseits aber auch eine kritische Distanz der Ekklesia zur Kirche konstatiert.[78] Mit dem Argument, die besonderen Chancen der Volkskirche nicht ungenutzt zu lassen, sondern für die Ziele des Gemeindeaufbaus zu nutzen, wird das Wirken der Ekklesia in der Kirche begründet.[79] Der Kircheninstitution wird in diesem Konzept die Funktion zugewiesen, das Werden von Ekklesia in ihr zu fördern.[80]

Eine Schlüsselposition im Gemeindeaufbau kommt der Evangelisation als „Urdatum der Ekklesia" zu, da es ohne sie keine Ekklesia geben kann.[81] Als missionarische Verkündigung des Evangeliums zielt die Evangelisation auf Bekehrung zu Jesus und gleichzeitige Hinwendung zu Schwestern und Brüdern.[82] Gegenüber der traditionellen volksmissionarischen Praxis wird Evangelisation hier jedoch nicht auf erweckliche Redeveranstaltungen reduziert („kontingente Evangelisation"), sondern als ganzheitlicher Lebensvollzug der Ekklesia („permanente Evangelisation") verstanden.[83]

Damit die Ekklesia ihren Auftrag zur Evangelisation erfüllen kann, muß sie selbst ihren Glauben in der konkreten bruderschaftlichen Gemeinschaft leben.[84] Solch ein Lebensvollzug findet seinen Ausdruck im gemeinsamen Hören und Beten, Feiern und Arbeiten der Christen. „Diese vier Elemente gehören unter allen Umständen zusammen und dürfen nicht auseinandergerissen werden."[85] „Hören" meint vor allem gemeinsames Hören auf das Wort Gottes[86], „Beten" die Gebetsgemeinschaft[87], „Feiern" das Sommerfest ebenso wie das Abendmahl[88] und „Arbeiten" den christlich motivierten Dienst an anderen Menschen.[89] Ausdrücklich wird betont, daß ganzheitliche christliche Gemeinschaft immer auch einen politischen Horizont hat.[90]

Wo Gemeindeaufbau auf das Werden solcher Ekklesia zielt, ist man immer auf den Heiligen Geist angewiesen. Die Einheit der Gemeinde, ihr geistliches Wachstum und der Dienst der Liebe in der Welt sind ohne ihn nicht möglich.[91]

Da es in der Ekklesia wesentlich um das Leben des Priestertums aller Gläubigen geht, wird der Pfarrer in der „Überschaubaren Gemeinde" als Bruder unter Schwestern und Brüdern verstanden. Abgesehen von der Verwaltung der Gemeinde ist es seine Hauptaufgabe, in gleichberechtigter Gemeinschaft mit den Schwestern und Brüdern, seine besonderen Gaben und (theologischen) Fähigkeiten für das Werden von Ekklesia einzubringen.[92] Gemäß dem Grundsatz „Der Pfarrer für die Ekklesia, die Ekklesia für die Parochie"[93] ist es seine Aufgabe, die Glieder der Ekklesia zum Dienst in Gemeinde und Welt zuzurüsten.

b) Die Struktur der „Überschaubaren Gemeinde"

Beim Pfarrer liegt auch die Verantwortung für die strukturelle Umsetzung des Konzeptes in die Gemeindearbeit.[94] Zuerst gilt es, den monatlichen Mitarbeiterkreis, das Herzstück der „Überschaubaren Gemeinde", ins Leben zu rufen.[95] Bereits vorhandene und noch neu zu gewinnende ehrenamtliche Mitarbeiter werden hier gesammelt und für den Gemeindeaufbau gewonnen. Oft wird den Mitarbeitern zunächst selbst der Weg zu einem persönlichen Verhältnis zu Jesus zu zeigen sein.[96] Im Mitarbeiterkreis beginnt die Ekklesia zuerst als ganzheitliche christliche Gemeinschaft im Hören und Beten, Feiern und Arbeiten Gestalt zu gewinnen.[97] Im Laufe der Zeit wird diese Gruppe schließlich immer mehr der Träger der „Überschaubaren Gemeinde". Alle Schritte des Gemeindeaufbaus werden von ihr geplant, durchgeführt und reflektiert.[98] Einen Schwerpunkt bilden dabei gezielte evangelistische Veranstaltungen, wie die regelmäßig stattfindenden „Offenen Abende" oder Seminare, Bibelwochen, Vorträge und Freizeiten.[99]

Hinzu tritt die intensive Arbeit am Aufbau eines Besuchsdienstes in der Gemeinde. Er zielt darauf, eine flächendeckende Betreuung der Parochie zu ermöglichen. Die Gemeinde wird dabei in viele kleine Bezirke eingeteilt, für die jeweils ein Mitarbeiter verantwortlich ist. Er bildet fortan das Bindeglied zwischen den Menschen seines Bezirks und der Gemeinde. Auf diese Weise wird die Parochie zu einer „überschaubaren Gemeinde".[100]

Daneben verantwortet der Mitarbeiterkreis vielfältige andere Aktivitäten der Gemeindearbeit, wie die Gestaltung der Gottesdienste oder der Funktionskreise und die Wahrnehmung bestimmter Arbeitsschwerpunkte (Dritte Welt, Frieden, Mission, Krankenhaus, Altenarbeit, Frauenarbeit).

c) Hauskreise als wesentliches Element der „Überschaubaren Gemeinde"

Hauskreise sind als „lebendige geistliche Zellen" für die „Überschaubare Gemeinde" ein unverzichtbarer Baustein im Gemeindeaufbau und bilden einen eigenen Schwerpunkt dieses Konzepts.[101]

Einerseits sind es die Mitarbeiter, die sich als Ergänzung zum Mitarbeiterkreis zu solchen Gruppen zusammenfinden. Intensiver als dort können sie sich in Hauskreisen mit der Bibel und mit Glaubens- und Lebensfragen auseinandersetzen und beginnen, sich gemeinsam mehr und mehr den sozialethischen Konsequenzen zu stellen, die sich für die Ekklesia aus der Beschäftigung mit dem Evangelium ergeben: „In diesen kleinen Zellen hat der neue Lebensstil die Möglichkeit, glaubwürdig Gestalt zu gewinnen."[102]

Außerdem werden in Hauskreisen jene Menschen gesammelt, die durch die evangelistische Arbeit erreicht wurden und Interesse am Glauben haben. Solche bisher Außenstehenden lassen sich normalerweise nicht in die üblichen Gemeindekreise integrieren, weil sie eine intensivere geistliche Gemeinschaft benötigen. Hauskreise stellen eine ideale Arbeitsform dar, um ihnen einen unproblematischen Zugang zur Gemeinde zu ermöglichen. Hierin ist eine wesentliche Funktion solcher Gruppen zu sehen.[103]

Als Gemeinschaften mit persönlichen Beziehungen und wachsender Vertrautheit verdichten Hauskreise das Zusammengehörigkeitsgefühl unter den Teilnehmern und ermöglichen die vertiefte Erörterung gerade von Glaubensfragen.[104]

Die Gestaltung der Treffen sieht, je nach der Zusammensetzung der Gruppe, anders aus. Bibeltexte werden hier ebenso besprochen wie offene Fragen der Sonntagspredigt. Es wird auch gemeinsam gebetet, das Abendmahl gefeiert[105], Dienste werden wahrgenommen[106], und ein Teil der Freizeit wird gemeinsam gestaltet[107].

In Hauskreisen wird „über die Frage nach dem Sinn des Lebens gesprochen. In ihnen werden Perspektiven lebensverändernder Möglichkeiten erschlossen. Antworten auf die Frage nach Heilsgewißheit und ewigem Leben können gefunden werden. Hier stellen sich Menschen verbindlich den brennenden politischen und sozialen Problemen unserer Zeit und laden jeden zur Mitarbeit ein. Durch die Präsenz der Christen gewinnt Kirche etwas Nachbarschaftliches. Sie sind sich nicht zu schade, andere Menschen zu betreuen, und werden nicht müde, sie zum Glauben und damit zur christlichen Gemeinschaft einzuladen."[108]

Zudem sind Hauskreise ein Ort in der Ekklesia, an dem Gemeindeglieder ihre Gaben im Austausch mit Schwestern und Brüdern analysieren und ausprobieren können.[109]

Um mögliche Fehlentwicklungen abzuwehren ist allerdings darauf zu achten, daß Hauskreise als bruderschaftliche Gemeinschaften nie zu abgeschlossenen Freundeskreisen werden, sondern stets darauf ausgerichtet sind, andere Menschen aufzunehmen.[110]

Werden Hauskreise innerhalb einer Ortsgemeinde unter Ausklammerung des Ortspfarrers gebildet, ist ein Spannungsverhältnis vorprogrammiert. Für den Gemeindeaufbau ist es daher wichtig, daß sich von Laien verantwortete Hauskreise deswegen bilden, weil sie vom Pfarrer und dem kirchlichen Leitungsgremium der Gemeinde bewußt gewollt sind und als wesentlicher Bestandteil des Gemeindeaufbaus verstanden werden: „Die Parochie mit ihren institutionellen Möglichkeiten, mit ihrem Pfarramt und ihren Gottesdiensten ist dann der Rahmen, der die verschiedenen Hauskreise in ihren verschiedenen Funktionen zusammenhält und gemeinsames Planen und Arbeiten ermöglicht."[111]

Aufs Ganze gesehen sind Hauskreise in der „Überschaubaren

Gemeinde" zwar nicht grundsätzlich mit der Ekklesia zu identifizieren, aber sie sind kleine Zellen, in denen Christen innerhalb der Parochie versuchen, Glaube, Gemeinschaft und Dienst zu verwirklichen und im Hören und Beten, Feiern und Arbeiten als christliche Gemeinde zu leben.

4. Zwischenergebnis

Eine eingehende kritische Würdigung der dargestellten Gemeindeaufbaukonzepte würde den Rahmen dieses Buches sprengen.[112] Bevor ich aber darauf zu sprechen komme, welche Antworten die Entwürfe auf unsere Leitfragen geben, möchte ich zumindest einige grundsätzliche „Anmerkungen" zu den beiden Konzepten machen.

Was die „Kirche für andere" betrifft, so ist Werner Krusche unbedingt Recht zu geben, wenn er von einem „von der Unruhe der Liebe bewegten Entwurf" spricht.[113] Es ist schon faszinierend, mit welcher Entschlossenheit eine durch die Selbstzufriedenheit gefährdete Kirche hier zur „Tagesordnung" gerufen wird. Es ist vorbildlich, mit welcher Beharrlichkeit die christliche Gemeinde an den Missionsauftrag erinnert wird und die Christen zur Nachfolge ihres Herrn (und die beinhaltet immer den Einsatz für das Wohl der Menschen) mitten in der Welt gerufen werden. Und es ist nur zu begrüßen, wenn in begründeter Weise über die Strukturen einer missionarischen Gemeinde nachgedacht und in diesem Zusammenhang die Rolle des sogenannten „Laien" gegenüber dem „Geistlichen" konsequent gestärkt wird.

Andererseits liegen diesem Entwurf bestimmte theologische Voraussetzungen zu Grunde, die meines Erachtens nicht mit dem Zeugnis der Bibel übereinstimmen. Es ist eine gefährliche Verkürzung des Evangeliums, wenn bei der „Kirche für andere" die persönliche Dimension des Heils bei der Frage nach Inhalt und Ziel der Mission ausgeklammert und behauptet wird, diese Welt sei bereits erlöst.

Es gilt vielmehr immer noch, daß „Gott seinen eingeborenen Sohn gab, damit alle, *die an ihn glauben,* nicht verloren werden, sondern das ewige Leben haben" (Joh 3,16; vgl. auch 36). Insofern steht die christliche Gemeinde doch in einem Gegenüber zur Welt, weil sie es ist, die allen Menschen in Gesetz und Evangelium die Botschaft vom Heil in Jesus Christus zu bezeugen hat. Mission ist dementsprechend mehr als nur der Einsatz für eine menschlichere Welt: Es muß ihr Ziel sein, die zerbrochene Gemeinschaft zwischen Gott und den Menschen wiederherzustellen. Dafür aber ist die glaubenweckende Verkündigung mit dem Ziel der persönlichen Umkehr des einzelnen unabdingbare Voraussetzung.

Die Konzeption „Überschaubare Gemeinde" ist ein praktikables Modell für missionarischen Gemeindeaufbau im Rahmen der Volkskirche und darüber hinaus. Die theologischen Grundentscheidungen dieses Entwurfs werden von mir weitgehend geteilt.

Problematisch erscheint mir allerdings die strikte Trennung zwischen Kirche als Institution und Ekklesia und die damit einhergehende Herabsetzung der Bedeutung der Taufe. Es ist eine kurzschlüssige und unbiblische Engführung, die vorfindliche (in diesem Falle landeskirchlich verfaßte) Kirche als von Menschen gewollte und gestaltete Institution gegen die neutestamentliche Ekklesia auszuspielen. Dadurch wird die spannungsvolle Einheit zwischen geglaubter (das ist die im apostolischen Glaubensbekenntnis bekannte) und erfahrener, zwischen unsichtbarer und sichtbarer Kirche einseitig aufgelöst. Die Kirche Jesu Christi ist größer als die von F. Schwarz und Chr. A. Schwarz beschriebene Ekklesia. Es ist in diesem Zusammenhang zu Recht darauf hingewiesen worden, daß die Lehre von der Kirche nur von der Christologie her entwickelt werden kann.[114]

Was nun die Hauskreise betrifft, so ist festzustellen: Die unterschiedlichen theologischen Voraussetzungen der dargestellten Gemeindeaufbaukonzepte führen einerseits zu jeweils charakteristischen Ausprägungen, was die Struktur missionarischer Gemeinden betrifft.[115] Um so mehr überrascht es dann, daß andererseits Hauskreise von beiden Entwürfen als ein wesentlicher Baustein der Gemeindearbeit angeführt werden. In der „Überschaubaren Gemeinde" kommt Hauskreisen dabei eine noch wichtigere Funktion zu als in der „Kirche für andere".

Beide Entwürfe glorifizieren Hauskreise allerdings nicht einseitig, sondern sehen durchaus mögliche Gefahren für diese Form kirchlicher Arbeit. So wird jeweils besonderer Wert darauf gelegt, daß Hauskreise, gerade angesichts des intensiven gemeinsamen

Lebens der Teilnehmer, ihre Offenheit gegenüber anderen Menschen und der örtlichen Gemeinde nicht verlieren.

Die Chancen der Hauskreise werden, je nach theologischen Prämissen, an unterschiedlichen Stellen gesehen, sind zum Teil aber auch identisch. So etwa, wenn sie für beide Konzepte einen Baustein der Gemeindearbeit darstellen, der besonders fernstehenden Menschen einen leichten Zugang zur christlichen Gemeinde ermöglicht. Gemeinsam wird ferner festgestellt, daß gerade in den kleinen überschaubaren Hauskreisen christliche Gemeinschaft ganzheitlich als Glaubens-, Lebens- und Dienstgemeinschaft gelebt werden kann.

Drittes Kapitel
Erfahrungen mit Hauskreisen in der Gemeindearbeit Ergebnisse einer Umfrage

1. Erläuterungen zur Durchführung der Umfrage

Die im Folgenden dargestellten Erfahrungen mit Hauskreisen in der Gemeindearbeit gründen auf eine 1991 von mir durchgeführte Umfrage unter Hauskreis-Teilnehmern und Pfarrern zum Thema „Die Bedeutung von Hauskreisen für die Gemeindearbeit".[116] Sie hatte das Ziel, herauszufinden, welche Erfahrungen mit Hauskreisen diejenigen Gemeindeglieder und Pastoren gemacht haben, die Hauskreise aus *eigener Anschauung* kennen.

Von den Hauskreis-Teilnehmern wollte ich in Erfahrung bringen, warum sie an solchen Gruppen teilnehmen, wie sie ihr Verhältnis zur Ortsgemeinde angeben, welche Zielsetzung sie mit Hauskreisen verbinden und aus welchem Personenkreis sie sich rekrutieren.[117]

Bei den Pfarrern interessierte mich insbesondere, welchen Stellenwert Hauskreisarbeit für sie hat, wie sie das Verhältnis von Hauskreis-Teilnehmern zur Ortsgemeinde beurteilen, welche Zielsetzung sie selbst für diese Gruppen angeben, und welche besonderen Chancen und Gefahren sie für Hauskreise als Baustein der Gemeindearbeit sehen.

Die im Folgenden dargestellten Ergebnisse erheben nicht den Anspruch, die Erfahrungen von Pfarrern und Gemeindegliedern im soziologischen Sinne repräsentativ widerzuspiegeln.[118] Allerdings können auf Grund des vorliegenden Materials *Tendenzen* aufgezeigt werden, die für die befragten Gemeinden und Hauskreise gelten und durchaus *allgemeine Rückschlüsse* auf Chancen und Gefährdungen von Hauskreisen als Baustein der Gemeindearbeit zulassen.

(Die Zahlen in eckigen Klammern ‹› verweisen als Beleg auf die entsprechenden Fragen in der Grundauswertung der Erhebung im Anhang dieses Buches.)

2. Signifikante Ergebnisse der Befragung

a) Auswertung der Fragebogen für Hauskreis-Teilnehmer[119]

Bei den befragten Personen handelt es sich fast ausnahmslos um Mitglieder der Landeskirche ‹49›. Die Hälfte von ihnen gehören nicht länger als drei Jahre zu ihrem jetzigen Hauskreis, ein Viertel dagegen neun Jahre oder länger ‹1›. Die Umfrage stützt sich damit auf ein breites Spektrum landeskirchlicher Hauskreiserfahrungen.

Nahezu alle Befragten, die ihren Hauskreis nicht selbst gegründet haben, sind auf Grund einer persönlichen Einladung zum Hauskreis hinzugekommen ‹2›. Der überwiegende Teil kannte bereits vorher einzelne Personen der Gruppe ‹3›. Die persönliche Einladung entspricht offenbar am besten dem Charakter eines Hauskreises, für den persönliche Beziehungen der Teilnehmer untereinander eine wesentliche Rolle spielen. Durch gezielte persönliche Einladungen ist zudem für die bereits bestehende Gemeinschaft gewährleistet, daß neue Teilnehmer auch zu ihr passen.

„Weil Bekannte teilnehmen" ist allerdings verhältnismäßig unwichtig, wenn es um die Entscheidung geht, ob man an einem Hauskreis teilnimmt oder nicht. Für 93,7% der Befragten ist vielmehr das „Interesse am Glauben" in diesem Zusammenhang wichtig oder sehr wichtig gewesen. Zudem war für Dreiviertel außerdem „Interesse am Thema" und für weit mehr als die Hälfte auch „Interesse an der Kirche" ausschlaggebend ‹4›.

Setzt man diese Angaben in Beziehung zu der Altersstruktur der Befragten, fällt auf, daß knapp die Hälfe von ihnen zur sogenannten „mittleren Generation" der 30 bis 49jährigen gehört ‹45›. Zu einer Altersgruppe also, die sich in der Regel so gut wie gar nicht am kirchlichen Leben landeskirchlicher Gemeinden beteiligt. Hauskreise scheinen hingegen eine Form der Gemeindearbeit zu sein, bei der diese Personengruppe eine Möglichkeit sieht, ihr Interesse am Glauben und an der Kirche einbringen zu können.

Der Motivation zur Teilnahme entsprechen die Angaben zum „Hauptziel bzw. Hauptzweck" des Hauskreises. Mit Abstand am häufigsten wurde angegeben, daß man sich mit „anderen über Fragen des Glaubens austauschen" und „gemeinsam die Bibel lesen" möchte. An dritter Stelle wurde „gemeinsam beten" genannt, gefolgt von „im Glauben weiterkommen" und „Gemeinschaft untereinander haben" ‹41›. Es kann daher gesagt werden, daß Hauskreise meist Gruppen sind, in denen die gemeinsame Einübung in ein geistliches Leben im Mittelpunkt steht. Dazu paßt die Aussage, daß sich ausnahmlos alle Befragten als Christen verstehen ‹8›.

Auffällig ist bei der Frage nach dem Hauptzweck der Hauskreisarbeit das geringe Interesse an gesellschaftspolitischen Fragen. Nur ein verschwindend geringer Teil von 5,3% der Befragten sieht darin eines von drei möglichen Hauptzielen für ihren Kreis. Dies bestätigt die eingangs zitierte Befürchtung, daß Hauskreise die gesellschaftspolitischen und ethischen Konsequenzen des Evangeliums kaum ins Blickfeld rücken und somit in der Gefahr stehen, einer Privatisierung christlicher Existenz Vorschub zu leisten.

Motivation und Intention der Teilnehmer finden ihren Ausdruck in der Gestaltung der Zusammenkünfte. Alle Hauskreistreffen weisen vom Ablauf her nahezu die gleichen „Elemente" auf. Geordnet nach dem am häufigsten genannten Ablauf sind dies: Begrüßungs- bzw. Austauschphase – Singen – Gespräch über einen Bibeltext (hierauf liegt das Schwergewicht der Zusammenkünfte) – Gebet oder Gebetsgemeinschaft - informelles Gespräch und geselliges Beisammensein als Ausklang (an dieser Stelle werden gegebenenfalls auch organisatorische Absprachen getroffen und gemeindebezogene Informationen weitergegeben) ‹7›. Auch diese Aussagen zur Gestaltung der Hauskreise bestätigen, daß es sich dabei um geistliche Gemeinschaften von Christen handelt.

Die geistliche Gemeinschaft, das Vertrauen, die Offenheit untereinander sind es auch, die den weitaus meisten Teilnehmern, neben der Möglichkeit sich über Fragen des Glaubens auszutauschen, am Hauskreis besonders gut gefallen ‹43›.

Bemerkenswert ist die große Verbindlichkeit der Hauskreisgemeinschaft. Es dürfte nur wenige Gruppen in der Gemeindearbeit geben, an denen praktisch alle, die sich dazugehörig fühlen, meistens oder immer teilnehmen. Von den „Hauskreislern" gaben dies 96,6% der Befragten an ‹6›!

Andererseits ist diese Gemeinschaft aber nach außen hin offen. Dreiviertel gaben an, daß zu ihrem Hauskreis manchmal oder häufiger neue Teilnehmer eingeladen werden ‹11›. Ein Drittel erklärte sogar, daß aus ihrem Hauskreis bereits einmal ein neuer hervorgegangen ist ‹10›. Auch wenn man hierbei berücksichtigt, daß dieses

Ergebnis durch die unterschiedlich hohe Zahl an Fragebögen, die von einzelnen Hauskreisen zurückgesandt wurden, beeinflußt worden ist, so läßt sich hieraus doch als Trend erkennen: Die überwiegende Mehrheit der Befragten *versteht* ihren Hauskreis zumindest als eine Gruppe, zu der neue Teilnehmer eingeladen werden. Vom „Schmoren im eigenen Saft selbstgenügsamer Frömmigkeit" kann bei diesen Hauskreisen keine Rede sein.

Die meisten der befragten Hauskreise haben einen Leiter, bei dem es sich aber fast nie um einen Pfarrer handelt ‹29.30›. Die Treffen werden entweder von diesem Leiter vorbereitet oder reihum von den Teilnehmern ‹32›. Damit sind diese Gruppen im Gegensatz zu vielen anderen in der Gemeinde verhältnismäßig selbständig und verwirklichen in ihrer Struktur ein Stück allgemeines Priestertum der Gläubigen.

Zur Ortsgemeinde haben Hauskreise in der Regel guten Kontakt. Nach nahezu einhelliger Aussage der Befragten weiß der Pfarrer, in dessen Gemeindebezirk sich die Gruppe trifft, von ihrer Existenz ‹19›. Zwei Drittel gaben zudem an, daß der Pastor schon einmal an ihrem Hauskreis teilgenommen hat ‹21›. Das relativ persönliche Verhältnis der weitaus meisten Befragten zum örtlichen Pastor (55,7% kennen ihn persönlich, 36,8% stehen in persönlichem Kontakt mit ihm) verstärkt den bisher gewonnenen Eindruck über das gute Verhältnis zur örtlichen Gemeinde ‹18›. Es läßt sich von daher nicht rechtfertigen, wenn Hauskreisen von vornherein die Tendenz zur Abtrennung von der Gemeinde unterstellt wird.

Der Blick auf das Verhältnis der einzelnen Teilnehmer zum Gemeindeleben entkräftet diese kritische Anfrage weiter. Nahezu alle Befragten haben auch über die Teilnahme am Hauskreis hinaus Kontakt zur Gemeinde ‹12›. Besonders erwähnenswert ist die Häufigkeit der Gottesdienstteilnahme bei dieser Personengruppe: Dreiviertel von ihnen besuchen regelmäßig oder häufig den Hauptgottesdienst. Ein Drittel besuchen zusätzlich Gottesdienste in freier Form ‹13›.

Die Beteiligung an anderen Gemeindeveranstaltungen wird durch die Zugehörigkeit zu einem Hauskreis nur sehr selten eingeschränkt ‹15›. Hauskreise sind keine Konkurrenz, sondern vielmehr eine Ergänzung zu den anderen Formen der Gemeindearbeit. 39,9% der Befragten gaben an, daß sie seit ihrer Zugehörigkeit zu einer solchen Gruppe insgesamt an mehr Gemeindeaktivitäten teilnehmen als vorher ‹16›.

Dabei handelt es sich interessanterweise um solche „Aktivitäten", die auf der Wunschliste vieler Pfarrer für ihre Gemeinde ganz oben stehen: Am häufigsten wurde „(vermehrte) Teilnahme am Gottesdienst" genannt, ferner die Teilnahme an besonderen, oft zeitlich befristeten Gemeindeveranstaltungen und die Mitarbeit in bzw. Teilnahme an Gemeindekreisen ‹46›. Auch wenn Hauskreise sich als Gruppen nur in sehr geringem Umfang am Leben der Kirchengemeinde beteiligen ‹27›, kann von daher nicht behauptet werden, Hauskreise verstärkten die Separation von der Gemeinde. Für viele Menschen erschließen Hauskreise vielmehr erst einen Zugang zur Ortsgemeinde.

Abschließend sei noch auf die soziologische Struktur der Hauskreise hingewiesen. Es überrascht zunächst, daß sich in diesen Gruppen, in denen das Gespräch über biblische Texte im Mittelpunkt steht, hauptsächlich Angehörige der sogenannten „unteren" oder „mittleren" Bildungsschicht zusammenfinden ‹48›, die normalerweise weniger „diskutierfreudig" sind. Dieser Sachverhalt wird allerdings dann verständlich, wenn man sich bewußt macht, daß im Hauskreis über Glaubens- und Lebensfragen weniger auf der *Erkenntnis-,* als vielmehr auf der *Erfahrungsebene* gesprochen wird. Insgesamt gesehen sind viele der Hauskreisteilnehmer übrigens zur Kerngemeinde zu rechnen.[120]

b) Auswertung der Fragebögen für Pfarrer

Nahezu alle befragten Pfarrer haben Kontakt zu den einzelnen Hauskreisen ihrer Gemeinde ‹3›. Dieser Kontakt geht sowohl auf die Initiative der Pastoren ‹19› als auch der Hauskreise zurück ‹18›. 79% haben die Hauskreise in ihrer Parochie zumindest teilweise schon einmal besucht ‹7.8›. Alle gaben an zu wissen, „was bei den einzelnen Hauskreis-Zusammenkünften abläuft" ‹12›, und kennen die Namen der Personen, die sich dort treffen ‹13›.

Die Initiative zur Bildung der Hauskreise geht meistens von Gemeindegliedern aus ‹11›. Allerdings werden die Pfarrer recht häufig in die Bildung miteinbezogen oder zumindest darüber informiert ‹20›. Damit bestätigen die Pastoren den bereits gewonnenen

Eindruck, daß Hauskreise in aller Regel nicht abgesondert von der Ortsgemeinde leben.

Die Erfahrungen, die die Pfarrer mit Hauskreisen machen, scheinen – im allgemeinen – überhaupt sehr positiv zu sein. Dreiviertel der Befragten fördert jedenfalls die Bildung weiterer Gruppen ‹4›. Als Grund dafür geben die meisten an, daß Hauskreise die christliche Gemeinschaft fördern. Zudem, so heißt es, bieten sie eine Möglichkeit, über den Glauben zu sprechen und sind wichtig für die Glaubensvertiefung des einzelnen und den Gemeindeaufbau ‹5›.

Es verwundert dann auch nicht, daß mehr als Dreiviertel der Pastoren Gemeindeglieder zur Teilnahme an solchen Gruppen ermutigen ‹14›. Mehr als die Hälfte der Pfarrer gehören sogar selbst zu einem Hauskreis ‹6› und kennen diese Zusammenkünfte auch aus der Perspektive der Teilnehmer.

Wer angibt, die Bildung von Hauskreisen nicht zu fördern, begründet sein Verhalten in erster Linie damit, dies bewußt der Initiative von Laien überlassen zu wollen. Erst in zweiter Linie werden schlechte Erfahrungen mit dieser Form der Gemeindearbeit angeführt ‹5›.

Diese positive Einstellung zu Hauskreisen wird noch dadurch bekräftigt, daß 83,9% angeben, Hauskreise seien für das Gemeindeleben sehr wichtig (58,9%) bzw. wichtig ‹26›.

Die Befragten bekräftigen, daß sich Hauskreis-Teilnehmer in aller Regel am Gemeindeleben beteiligen ‹21›. Die Angabe der Hauskreisteilnehmer, sie hätten seit der Zugehörigkeit zum Hauskreis ihre Teilnahme an anderen Gemeindeveranstaltungen nicht nennenswert eingeschränkt, wird bestätigt ‹15›.

80% der Pastoren erklären zudem, daß Menschen durch den Hauskreis auch neu zur Kirchengemeinde gefunden haben ‹16›, und Zweidrittel geben an, Menschen hätten dadurch zum ersten Mal ein Verhältnis zum christlichen Glauben bekommen ‹17›. Wenn diese Angabe auch nicht für die meisten Hauskreis-Teilnehmer zutreffen wird, sondern einen allgemeinen Eindruck spiegeln dürfte, belegt sie doch, daß Hauskreise vielen Menschen den Zugang zum Leben der Kirchengemeinde erleichtern. Und wenn, zumindest vereinzelt, Menschen durch sie „zum ersten Mal ein Verhältnis zum christlichen Glauben bekommen", ganz gleich, was die Befragten darunter auch verstehen mögen, dann tragen diese geistlichen Gemeinschaften Entscheidendes zur Gemeindearbeit bei.

Die Zielvorstellungen der Pfarrer für die Hauskreisarbeit decken sich weitestgehend mit denen der Gemeindeglieder. Besonders erwähnenswert ist, daß auch von den Pastoren nur 5,6% es für erstrebenswert halten, sich in Hauskreisen über gesellschaftspolitische Themen zu unterhalten ‹31›.

Der Aspekt der Gemeinschaft steht bei den Pastoren wesentlich stärker im Vordergrund als bei den Teilnehmern. Dies deckt sich mit den „besonderen Chancen", die bemerkenswerterweise 89,1% der Befragten für Hauskreise als Baustein der Gemeindearbeit sehen. Bei weitem am häufigsten wird als besondere Chance die Überschaubarkeit der Gruppe angeführt, die es ermöglicht, christliche Gemeinschaft zu (er)leben und mit anderen Menschen über Glaubens- und Lebensfragen ins Gespräch zu kommen ‹28›.

Daneben sehen die weitaus meisten Befragten auch „besondere Gefahren" für Hauskreise ‹29›. Meistens fallen in diesem Zusammenhang die Stichworte „Cliquenbildung" und „Selbstgenügsamkeit", gefolgt von „elitäres Gehabe" und „Abspaltung von der Gemeinde" ‹30›. Es ist nicht anzunehmen, daß die Befragten lediglich Gefahren nennen, die sie theoretisch bei Hauskreisen sehen. Wie sie im Blick auf die Chancen vor dem Hintergrund ihrer gemeindlichen Erfahrungen urteilten, dürften ihnen auch die angesprochenen Fehlentwicklungen in der Praxis der Hauskreisarbeit begegnet sein. Insgesamt ist aber zu konstatieren, daß ihre grundsätzlich positive Einstellung zu Hauskreisen darunter nicht leidet.

Der Gedanke, möglichen Fehlentwicklungen zu wehren, mag bei vielen mit ausschlaggebend dafür gewesen sein, einen Kreis einzurichten, der die Hauskreis-Arbeit in der Gemeinde begleitet oder koordiniert. Zweidrittel der Gemeinden verfügen darüber ‹2›. Dort sind Hauskreise auf diese Weise bewußt in die Gemeindearbeit integriert und stellen einen gewichtigen Baustein der Gemeindearbeit dar.

3. Zwischenergebnis

Insgesamt ist festzustellen, daß die Aussagen von Pfarrern und Hauskreis-Teilnehmern sachlich weitestgehend übereinstimmen und einander bestätigen.

Danach treffen sich in der sehr persönlichen Gemeinschaft des Hauskreises Christen, die sich in den persönlichen Umgang mit Bibel und Gebet einüben, über persönliche Fragen des Glaubens und Lebens miteinander sprechen und so ein Stück allgemeines Priestertum aller Gläubigen verwirklichen.

Die kritische Anfrage, Hauskreise berücksichtigten die gesellschaftspolitischen und ethischen Implikationen des Evangeliums zu wenig, erweist sich bei den hier ins Blickfeld gerückten Hauskreisen als berechtigt. Die Mutmaßung, Hauskreise trügen für die Gemeindearbeit nichts aus, sondern förderten vielmehr die Separation der Teilnehmer von der Ortsgemeinde, wird dagegen nicht bestätigt.

Abschließend ist festzustellen, daß die positive Einstellung der Befragten, gerade auch der Pfarrer, gegenüber Hauskreisen als Baustein der Gemeindearbeit überraschend eindeutig ausfällt.

Viertes Kapitel

Perspektiven für die Gemeindearbeit

Unabhängig davon, ob man ein bestimmtes Gemeindeaufbaukonzept bevorzugt oder nicht, gilt: Hauskreise als Baustein der Gemeindearbeit beinhalten immer sowohl besondere Chancen als auch Gefährdungen. Diese Chancen und Gefährdungen der Hauskreisarbeit sollen nun abschließend zusammengefaßt werden, um im Anschluß daran die entsprechenden Konsequenzen für die Gemeindearbeit zu ziehen.[121]

Neben den bisher erarbeiteten Ergebnissen werden an dieser Stelle auch persönliche Erfahrungen aus der Praxis der Hauskreisarbeit mit einfließen. Berichte aus der Hauskreisarbeit sollen die knapp gefaßten Zusammenfassungen jeweils ergänzen.

Als „Orientierungsraster" für die nun folgenden Ausführungen ist die Gestalt von Hauskreisen zugrunde gelegt, die in der Praxis gemeindlicher Arbeit hauptsächlich begegnet: Die Gruppe von sechs bis zwölf Personen, die sich regelmäßig in einer Privatwohnung trifft, um gemeinsam, unter der Anleitung eines Laien, über biblische Texte ins Gespräch zu kommen, im persönlichen Austausch über Glaubens- und Lebensfragen aneinander Anteil zu nehmen und zu geben, um zu beten und eventuell gemeinsame Dienste in Gemeinde oder Gesellschaft wahrzunehmen.

1. Chancen der Hauskreisarbeit

a) Hauskreise sind ein Gegengewicht zur wachsenden Anonymität in Gesellschaft und Gemeinde

Wir leben in einer Zeit, in der immer mehr Menschen unter mangelnden Kontaktmöglichkeiten leiden. Die zwischenmenschlichen Beziehungen werden vielfach als enttäuschend oberflächlich empfunden. Einsamkeit ist inzwischen nicht mehr bloß ein allgemeines Problem unserer Gesellschaft, sondern betrifft mehr und mehr auch die christlichen (insbesondere volkskirchlichen) Gemeinden. Dies gilt natürlich in erster Linie für den städtischen Bereich, aber auch im ländlichen Raum ist ein stetiges Abbröckeln der lange Zeit noch intakten Nachbarschaftsverhältnisse zu beobachten.

In der kleinen und überschaubaren Gruppe des Hauskreises nun wachsen Menschen in der Gemeinde zu einer Gemeinschaft zusammen und finden auf diese Weise vielfach auch einen neuen Zugang zur „großen" Ortsgemeinde.

Da das Miteinander im Hauskreis von einem relativ hohen Maß an Verbindlichkeit geprägt ist, wachsen hier im Laufe der Zeit persönliche Beziehungen untereinander und eine Atmosphäre des Vertrauens. In einer solchen Gemeinschaft wird jeder einzelne wahrgenommen und kann sich mit seinen Glaubens- und Lebensfragen einbringen.

Im Gegensatz zu den größeren und unverbindlicheren traditionellen Gemeindegruppen, wagt es in der vertrauten Runde des Hauskreises auch der nicht so Redegewandte schon bald, seine persönlichen Gedanken und Erfahrungen, Fragen, Zweifel und Ängste zu formulieren.

Wer zu einem Hauskreis gehört, der lernt Menschen in der Gemeinde kennen, mit denen man offen über ganz persönliche Dinge sprechen kann. Menschen, die in Nöten beistehen, die als Schwestern und Brüder das Wort Gottes zusagen, wenn man selbst ungewiß und verzagt ist[122], und die liebevoll korrigieren, wo es nötig ist. In der vertrauten Gemeinschaft des Hauskreises können Menschen leichter als anderswo einander zu Schwestern und Brüdern werden, die ihre Lebens- und Glaubensgeschichte austauschen und miteinander teilen.

Hans R. berichtet dazu folgendes: *„Als unser Hauskreis sich zusammenfand, kannten sich die meisten von uns gar nicht. Und das, obwohl wir zu einer Kirchengemeinde gehörten. Klar, daß bei den ersten Treffen viele von uns nicht so recht etwas sagen mochten. Es lief alles ziemlich langsam an. Aber es hat sich bewährt, daß wir uns alle vierzehn Tage treffen. Dadurch wurden wir schneller miteinander ‚warm'.*

Heinz und Iris, die den Hauskreis leiteten, fingen als erste an, auch ganz persönliche Dinge zu erzählen. Dadurch war das ‚Eis' gebrochen! Die beiden erzählten, daß auch sie bei vielen Ereignissen nicht verstehen würden, warum Gott so handelt. Und sie erzählten von ihrer Familie.

Daß es manchmal ziemlich schwierig sei, als junge Familie mit den Eltern unter einem Dach zu wohnen. Gemeinsam haben wir nach Antworten und Lösungsmodellen gesucht. Das war wirklich ein spannender Abend. Seitdem trauen sich immer mehr von uns, im Hauskreis auch ganz persönliche Dinge zu erzählen. Und gerade dadurch sind die Abende bei uns immer sehr lebendig.

Inzwischen haben wir eine sogenannte ‚Fürbittenliste' eingeführt. Am Ende jedes Treffens, vor dem Abschlußgebet, wird gefragt, ob jemand ein besonderes Anliegen hat, für das wir anderen mitbeten sollen. Hat einer etwas auf dem Herzen (was praktisch immer der Fall ist), dann trägt jeder von uns das Anliegen in seine ‚Fürbittenliste' ein. Zu Hause beten wir dann dafür. Beim nächsten Hauskreisabend fragen wir immer ganz gespannt, was aus der Sache geworden ist. So haben wir schon manche Gebetserhörungen erlebt und uns gemeinsam darüber gefreut. Falls nötig und gewünscht, kommt die betreffende Angelegenheit immer wieder auf die Fürbittenliste.

Es ist in den inzwischen vergangenen zwei Jahren auch schon vorgekommen, daß wir uns ganz spontan zwischen den regelmäßigen Hauskreistreffen zusammengesetzt haben, weil einer etwas Wichtiges auf dem Herzen hatte und es mit allen (manchmal auch nur mit einzelnen) besprechen oder ‚durchbeten' wollte.

So eine tiefe Gemeinschaft wie im Hauskreis habe ich noch in keiner Gruppe unserer Kirchengemeinde erlebt. Darum lade ich auch gerne immer wieder neue Leute zu uns ein."

b) In Hauskreisen kann Gemeinschaft ganzheitlich gelebt werden

Die inhaltliche Arbeit am Bibeltext steht im Hauskreis grundsätzlich im Mittelpunkt der Zusammenkünfte. Dieses Ringen um ein rechtes Verständnis der biblischen Botschaft spielt sich natürlich zunächst weitgehend auf der Reflexionsebene ab. Wo es allerdings gelingt, das Bibelwort mit den eigenen Lebenserfahrungen zusammenzubringen, kommt auch die Emotions- und die Aktionsebene hinzu.

Es ist charakteristisch für Hauskreise, daß die Teilnehmer am persönlichen Glauben und Leben der anderen anteilgeben und -nehmen. Die Lasten werden gemeinsam getragen und Freuden miteinander geteilt. Diese Art der Kommunikation vollzieht sich meist in besonderen „Austauschphasen" und während des „informellen" Teils nach dem Bibelgespräch. Auch dadurch kommt in Hauskreisen, anders etwa als im traditionellen Bibelkreis oder im „Gesprächskreis", die Emotionsebene wesentlich stärker zum Tragen als die Reflexionsebene.

Nicht wenige Hauskreise nehmen auch gemeinsam Aufgaben und Dienste in Gemeinde und Gesellschaft wahr. Dieses gemeinsame Tun ist für einen Kreis nach innen und außen sehr förderlich, weil sich dadurch der Kontakt verstärkt auch auf der Aktionsebene vollzieht.

In dem Maße, in dem sich der Kontakt in der Gruppe auf den verschiedenen Kommunikationsebenen ereignet, kann im Hauskreis ganzheitliche christliche Gemeinschaft eingeübt und gelebt werden. Das Gewicht, das den sich gegenseitig ergänzenden Ebenen in einer Gruppe jeweils zukommt, ist allerdings so unterschiedlich wie die Menschen, die die Hauskreise bilden, da die einzelnen Kommunikationsebenen durch die anwesenden Personen repräsentiert werden.[123]

Ein Beispiel dafür, wie fruchtbar es für einen Kreis sein kann, wenn er auch gemeinsame Aufgaben wahrnimmt, gibt Uwe L.: *„Wir treffen uns als Hauskreis nicht nur an jedem ersten und dritten Dienstag im Monat. Immer wieder wird auch zwischendurch mal ein gemeinsamer Termin vereinbart.*

Zum Beispiel dann, wenn in unserer Gemeinde besondere Aktionen laufen und wir um Mithilfe gebeten werden. Als einmal eine dreitägige Vortragsreihe stattfand, haben wir dafür die ganze Organisation gemacht. Von der genauen Programmplanung bis zum Aufstellen der Tische und Stühle lag alles in unserer Hand. Das hat viel zusätzliche Zeit gekostet, aber wir haben einander plötzlich auf eine ganz andere Weise kennengelernt und sind uns so ein großes Stück nähergekommen.

Oder wenn ich daran denke, wie wir einmal einen Gottesdienst mitgestaltet haben. Da gab es spannende Vorbereitungsgespräche über das, was wir im Gottesdienst sagen wollten und wie wir es sagen wollten. Es ging zwar auch immer um Fragen des Glaubens, aber der Austausch der Meinungen war noch einmal ganz anders als bei unseren Treffen am Dienstag."

Elisabeth H. erzählt von einer einfachen, aber bewährten Weise, „ganzheitliche Gemeinschaft" im Hauskreis zu leben:

„Alle zwei bis drei Monate verbringen wir einen zusätzlichen ‚gemütlichen' Nachmittag oder Abend miteinander. Im Sommer grillen wir oder machen eine Fahrradtour mit Picknick. Da sind dann natürlich auch die Kinder dabei und die Ehepartner, die sonst nicht am Hauskreis teilnehmen. In den Wintermonaten gehen wir gemeinsam schick essen oder auch mal ins Theater oder Konzert. Seit einiger Zeit hat es sich jetzt auch so ergeben, daß auch der Hauskreis eingeladen wird, wenn einer von uns Geburtstag feiert.

Ich finde, diese Treffen zwischen den ‚offiziellen' Hauskreisabenden haben sich bewährt. Hier lernt man einander noch besser kennen. Und so ganz ‚nebenbei' ergibt sich manches wichtige und tiefe Gespräch."

c) In Hauskreisen wird die Wirklichkeit des Leibes Christi erfahrbar

Indem Menschen in Hauskreisen Geborgenheit finden und persönliche Beziehungen untereinander aufbauen, bleibt die Wirklichkeit des Leibes Christi nicht länger nur ein „frommer Wunsch". In diesen überschaubaren Gemeinschaften kann der einzelne in der örtlichen Gemeinde konkret erfahren, daß er mit anderen zusammen Glied an dem einen Leib Christi ist (1 Kor 12).[124]

Dies ist besonders dort der Fall, wo sich in Hauskreisen Menschen verschiedener Altersgruppen und gesellschaftlicher Schichten zusammenfinden. Jürgen J. hat das so empfunden:

„Unser Hauskreis ist ganz bunt zusammengewürfelt. Das war zu Anfang manchmal nicht leicht zu verkraften. Inzwischen merken wir immer wieder, wie gerade unser unterschiedliches Alter und unsere verschiedene Herkunft unseren Hauskreis bereichern.

Was die Altersspanne betrifft, so reicht sie zur Zeit von Konny, 18 Jahre, bis zu Luise, 48 Jahre. Auch die Berufe sind sehr verschieden. Elsa ist Friseuse, Sonja in einer leitenden Position an der hiesigen Unibibliothek, Gerd ist Berufssoldat, Luise Hausfrau, Walter Maurer, Konny Schülerin, Dieter Sozialpädagoge, Margret Krankenschwester, Thomas und ich sind in der Verwaltung.

Trotz unserer sehr unterschiedlichen Lebenssituationen (oder vielleicht gerade deswegen?) kommen wir prima miteinander aus. Klar, daß zunächst einige Berührungsängste überwunden werden mußten. Aber seit wir beim dritten Treffen erstmal das ‚Du' vereinbart haben, ist die Ver-

trautheit untereinander schneller gewachsen. Naja, und letztlich läuft es wohl so gut mit uns wegen der gemeinsamen Grundlage, die wir für unser Leben haben: der Glaube an Jesus. Dieser Glaube verbindet uns miteinander."

d) Hauskreise fördern einen mündigen Umgang mit Grundformen christlicher Lebensgestaltung und Frömmigkeit

„In der säkularen Welt ist das ‚Umgehen mit Gott', wie es traditionell durch Bibel, Gebet, Gemeinschaft usw. geschah, fast zu etwas Fremdem geworden, das man erst wieder neu lernen müßte – bis in die Mitte der christlichen Gemeinde hinein."[125] In Hauskreisen aber können sich die Teilnehmer in einen gemeinsamen geistlichen Lebensstil einüben und in individuell angemessener Weise mit den Grundformen christlicher Lebensgestaltung und Frömmigkeit[126] vertraut werden. Es sei in diesem Zusammenhang beispielhaft das Bibellesen und das Beten erwähnt.

„Bibellesen als Form privater Frömmigkeit ist unter Protestanten selten."[127] Dabei möchten viele Christen eigentlich gerne in der Bibel lesen. Sie versuchen es vielfach auch, scheitern aber nach kurzer Zeit, weil sie einfach nicht wissen, wie sie einen Zugang zu diesem Buch finden können.

Im Hauskreis kann man, gemeinsam mit anderen, im praktischen Vollzug einen persönlichen Umgang mit dem Wort Gottes lernen; denn hier sind schon einige „gestandene" Christen, die über Erfahrungen auf diesem Gebiet verfügen. Dadurch sind sie in der Lage, den anderen zu helfen, die biblischen Aussagen mit den eigenen Lebenserfahrungen zusammenzubringen.

Ähnlich verhält es sich mit dem Gebet, das meines Erachtens die „Grundform" christlicher Lebensgestaltung überhaupt ist. Auch das Beten will (wieder) gelernt sein. Nicht zuletzt weil die religiöse Kindererziehung zunehmend ausfällt, fühlen sich immer mehr Menschen damit überfordert, für sich und andere persönlich zu beten. Die agendarisch-liturgische Gebetssprache vieler Gottesdienste bietet leider vielfach keine Hilfe, die Unsicherheit und Unerfahrenheit im Blick auf das Beten zu überwinden.

In der vertrauten Runde des Hauskreises kann man seine Gebetsnöte aussprechen und von den Gebetserfahrungen anderer profitieren. Wer unerfahren oder unsicher ist, wie man mit Gott reden und was man ihm sagen kann, hört in der Gebetsgemeinschaft, wie er selbst persönlich und konkret beten kann. Es sei hier noch erwähnt, daß es wohl kaum einen idealeren Rahmen für die Praxis der Gebetsgemeinschaft in unseren Gemeinden gibt als die familiäre Gruppe des Hauskreises.

Karl-Heinz D. berichtet über seine Erfahrungen mit dem Bibellesen folgendes:

„Zuerst hatte ich unheimlich Angst, mich im Hauskreis zu blamieren. Zu Anfang wußte ich doch nicht viel mehr, als daß es eine Bibel gibt. Und nun sollte ich sie lesen! Das hatte ich nur einmal bisher versucht. Als es mir mal ganz schlecht ging, habe ich nach der Bibel gegriffen und angefangen zu lesen. Ganz vorne, die ersten Seiten. Davon habe ich kein Wort verstanden. Alles war mir ganz fremd.

Im Hauskreis haben wir Bibelworte, die ich verstehen kann. Wir lesen im Lukasevangelium, der Reihe nach. Geschichten mit Jesus. Da verstehe ich nicht nur was, damit kann ich auch was anfangen, die sagen mir etwas.

Ob die anderen damals meine Angst bemerkt haben, weiß ich nicht. Jedenfalls waren alle ganz freundlich zu mir. Natürlich wußte ich zuerst gar nicht, wo das Lukasevangelium überhaupt steht. Aber die anderen haben mir immer wieder die Bibel an der richtigen Stelle aufgeschlagen.

Es macht mir Spaß, zusammen mit anderen im Hauskreis die Bibel zu lesen. Der eine weiß dies zu sagen, der andere jenes. Der eine hat eine Frage und ein anderer weiß oft eine Antwort."

Bärbel K. hat im Hauskreis das Beten gelernt:

„Ich habe erst in unserem Hauskreis das Beten gelernt. Schritt für Schritt. Zuerst kannte ich eigentlich nur ‚auswendige Gebete': das Vaterunser und Kindergebete. So wie mir ging es vielen in unserem Hauskreis. Deswegen beendeten wir den Abend mit einem gemeinsamen Vaterunser.

Später betete der Leiter der Gruppe zum Schluß zuerst immer mit freien Worten und leitete dann zum gemeinsamen Vaterunser über.

Dann haben wir einen Themenabend ‚Gebet' gehabt. Weil das Thema einfach dran war. Der Abend war ganz toll: Jeder hat von seinen Erfahrungen mit dem Beten gesprochen. Auch von den Hemmungen, vor anderen zu beten, weil man selbst oft nicht so gut wie andere formulieren kann.

Weil wir an diesem Abend eigentlich zu dem Ergebnis gekommen sind, daß eine Gebetsgemeinschaft im Hauskreis gut ist, haben wir es am Ende einfach mal probiert. Das ging so: Jeder sollte zunächst in einem Satz auf einen Zettel schreiben, wofür er Gott danken möchte und worum er bitten möchte. Dann folgte eine Zeit der Stille, und jeder der wollte, konnte seinen Zettel vorlesen. Zuerst wurden alle Dankgebete gelesen und dann alle Bitten. Zwischendrin haben wir gesungen.

So ähnlich machen wir es jetzt immer noch. Allerdings ohne Zettel und Aufschreiben. Unser Hauskreis endet mit einer Zeit der Stille vor Gott. Dann kann jeder für sich in der Stille beten. Oder er kann laut beten. Aber wir haben vereinbart, immer nur einen Satz laut zu beten und darauf gemeinsam ‚Amen' zu sprechen. Wer mehr auf dem Herzen hat, der muß eben öfter einen Satz beten. Ich merke, wie auch mein Beten zu Hause durch diese Erfahrungen reicher und lebendiger geworden ist."

e) In Hauskreisen wird der Glaube sprachfähig

Obwohl die christliche Gemeinde und ihre Glieder in der heutigen Welt überall anwesend sind, sind sie doch, was den Glauben betrifft, weitgehend sprachlos geworden.[128]

Durch das Gespräch über Bibeltexte und Glaubensfragen im Hauskreis werden Menschen befähigt, Auskunft über ihren Glauben zu geben. Hauskreise leisten damit einen wichtigen Beitrag, um die „Sprachlosigkeit der Christen" zu überwinden.[129]

Die vertraute Gemeinschaft der Gruppe ermöglicht es auch dem zaghaften, zurückhaltenden und weniger geübten Redner, in diesem „geschützten Raum" das Evangelium und seine persönlichen Glaubenserfahrungen so formulieren zu lernen, daß sie anderen Menschen mitteilbar sind. Auf diese Weise fördern Hauskreise die „Mündigkeit" des einzelnen Christen im wahrsten Sinne des Wortes.

Dietrich K. dazu: *„Ich konnte schon in der Schule nicht reden. Wenn ich mal was gesagt habe, bin ich immer gleich rot geworden. Weil ich immer nicht die richtigen Worte für das fand, was ich eigentlich sagen wollte. Darum hätte ich nie gedacht, daß ich mal mit meinem Arbeitskollegen am Band über meinen Glauben reden kann. Der eine ist Moslem und wollte wissen, warum ich eigentlich Christ bin und nicht auch Moslem.*

Das Reden über den Glauben habe ich bei uns im Hauskreis gelernt. Immer wieder haben mich die, die den Abend gemacht haben, so ganz nett angesprochen. Haben nach meiner Meinung und nach meinen Erfahrungen gefragt. Na, und weil ich ja alle in der Gruppe gut kannte, habe ich dann auch gewagt, was zu sagen. Wenn die anderen nicht verstanden hatten, was ich eigentlich sagen wollte, haben sie immer wieder nachgefragt. So habe ich mit der Zeit gelernt, über meinen Glauben zu reden. Und mir ist dadurch selbst klarer geworden, was ich eigentlich glaube und was nicht."

f) Hauskreise befähigen zum Dienst in der Welt

Hauskreise, die Glaube und Leben auf die bisher skizzierte Weise stärken, rüsten zudem Christen zum „sich hineinopfernden Dienst an den Orten der Welt"[130] aus.

Einerseits kann der einzelne im Miteinander des Hauskreises seine Gaben entdecken und ausprobieren, und so feststellen, an welchem Ort der Gesellschaft oder in der christlichen Gemeinde er mit seinen Fähigkeiten wirken kann.[131] Andererseits kann er seine Geistesgaben auch im Vollzug des Dienstes entdecken und erproben, wenn der Hauskreis als Dienstgruppe besondere diakonische oder missionarische Aufgaben wahrnimmt.

Auf Grund ihrer Flexibilität beinhalten Hauskreise mehr als die meisten anderen Ausprägungen gemeindlicher Arbeit die Möglichkeit, daß die Mitglieder von der bloßen Gesinnungssolidarität zur Lebens- und Aktionssolidarität mit der Welt finden. Der „hineinopfernde Dienst an den Orten der Welt" erfordert großen Einsatz. Darum ist es gut, daß sich Menschen, die sich als eine solche Sendungsgemeinschaft verstehen, in Hauskreisen immer wieder im gemeinsamen geistlichen Leben um ihre eigentliche Kraftquelle sammeln können.

(Für die Gemeinde stellen Hauskreise zudem ein qualifiziertes „Mitarbeiterpotential" dar. Bei besonderen Anlässen und Aufgaben oder zumindest in Notlagen können diese Gruppen ein wichtiger Ansprechpartner sein.)

Stephan W. bekam während eines Hauskreisabends die Idee, einen „Eine-Welt-Kreis" in seiner Gemeinde ins Leben zu rufen:

„An einem Hauskreisabend bin ich aus ‚dem Schlaf der Sicherheit' auf-

gewacht. Es war bei der Geschichte vom reichen Jüngling. Wir haben uns darüber die Köpfe heißgeredet. Ich will das hier nicht alles erzählen. Jedenfalls haben wir gemerkt, daß Jesus konsequente Nachfolger sucht. Und zur Nachfolge gehört nicht nur Bibellesen und Beten. Da gehört für mich auch der Einsatz für andere, notleidende Menschen dazu. Das ist für mich an dem Abend rausgesprungen. Deswegen habe ich beim nächsten Mal angeregt, für andere aktiv zu werden. Auch wenn es Opfer an Zeit und Geld kostet.

So ist unser Eine-Welt-Kreis entstanden. Nach dem Gottesdienst und zu anderen festen Zeiten verkaufen wir Produkte aus Entwicklungsländern. Dadurch müssen wir im Hauskreis natürlich immer auch organisatorische Dinge besprechen. Aber wir sehen zu, daß das Bibellesen und Beten trotzdem nicht zu kurz kommen, und das gelingt uns auch ganz gut.

Mir ist inzwischen klar geworden – und die Leute im Hauskreis unterstützen mich dabei –, daß Gott möchte, daß ich mich mit meinem Leben noch viel mehr für andere Menschen einsetze. Deswegen bereite ich mich zur Zeit auf einen mehrjährigen Dienst als landwirtschaftlicher Helfer in einem sogenannten Entwicklungsland vor. Mein Hauskreis wird für mich beten und mich mit Spenden unterstützen."

g) Hauskreise vertiefen den Glauben

Im persönlichen Umgang mit Bibel und Gebet, durch das Einüben eines geistlichen Lebensstils und die Umsetzung der geistlichen Erkenntnisse in den Alltag gemeinsam mit Schwestern und Brüdern werden Menschen im Hauskreis immer wieder zu neuen Glaubenserfahrungen geführt, die ihren Glauben vergewissern und ihr Leben in der Nachfolge Christi vertiefen.

Daher schätzt Pfarrer S. diese kleinen geistlichen Zellen in seiner Gemeinde sehr:

„Seit 10 Jahren haben wir in unserer Gemeinde Hauskreise. Diejenigen Gemeindeglieder, die zu einem Kreis gehören oder gehörten, sind dadurch in aller Regel unübersehbar in ihrem Glauben und Leben gefestigt worden. Viele von ihnen sind im Laufe der Jahre zu verantwortlichen ehrenamtlichen Mitarbeitern herangewachsen. Für mich sind Hauskreise zudem eine große Entlastung, weil sie mir viele seelsorgerliche Gespräche abnehmen."

h) Hauskreise verwirklichen das Priestertum aller Gläubigen

Durch Hauskreise kann die christliche Gemeinde miteinander ins Gespräch kommen, ohne daß ein Amtsträger dabei sein muß. Der vielbeklagten Unselbständigkeit vieler Gemeindeglieder in geistlichen Dingen wird hier abgeholfen. Es sind in der Regel engagierte Gemeindeglieder, die die Hauskreise initiieren, sie selbständig leiten sowie die einzelnen Teilnehmer begleiten und nach Kräften fördern. Ein wichtiger Teil des Gemeindelebens ist somit unabhängig von der Arbeitskraft und -zeit eines bzw. nur einiger Menschen. Hierin verwirklicht sich ein Stück weit das reformatorische Versprechen des allgemeinen Priestertums aller Gläubigen.

Dazu nochmals Pfarrer S.: *"Die Hauskreise sind für mich auch deshalb eine große Entlastung, weil in diesen kleinen Zellen sich selbständig und ohne mein Dazutun geistliches Leben entwickelt. Ich hätte als Pfarrer gar nicht die Kraft und Zeit, in dieser Intensität auf so viele Menschen so persönlich einzugehen und sie so individuell gemäß ihren geistlichen Bedürfnissen zu fördern. Auch würden viele Aktivitäten in unserer Gemeinde gar nicht laufen, wenn da nicht die Leute aus den Hauskreisen wären, die sich dafür einsetzten. Viele von ihnen haben ihre Charismen entdeckt und bringen sie in unsere Gemeindearbeit ein."*

Herbert E. machte diesbezüglich eine wichtige Erfahrung, als sich sein Hauskreis auf Grund der Größe teilen mußte: *"Es war ein schmerzlicher Vorgang, als unser Hauskreis seinerzeit geteilt werden mußte. Aber wir waren mit 13 Personen einfach zu groß geworden. Ein wirklich persönliches Gespräch ergab sich nur noch schwer. Und die Verbindlichkeit der Teilnahme ließ auch deutlich nach. Nun, wie dem auch sei, unser Pastor, der den Hauskreis die letzten drei Jahre lang geleitet hatte, nahm die Gelegenheit jedenfalls wahr, um sich ganz aus der Hauskreisleitung zurückzuziehen. Das hatte er eigentlich schon lange gewollt, sagte er damals.*

Wir anderen waren entsetzt. Nun mußten wir uns schon teilen, und dann fiel auch noch der Pastor als Leiter aus. Andererseits war so natürlich keiner der beiden neu zu bildenden Hauskreise im Vorteil. Bei beiden waren nun ,normale' Gemeindemitglieder die Leiter.

Und unser Pastor hatte gute Vorarbeit geleistet. Schon seit längerem hatte er einige von uns in die Leitung miteinbezogen. Vor allem Erika, Werner und Henry hatten ab und zu einen Abend geleitet, wenn der Pa-

stor terminlich verhindert war. *Aber auch sonst schon häufiger. Und immer hatte der Pastor mit den entsprechenden Personen alles vorher durchgesprochen. So hatten wir schon einen Anhaltspunkt, als es darum ging, wer die neuen Hauskreise leiten sollte bzw. könnte.*

Und so ist es dann auch gekommen. Werner und Henry leiten die eine Gruppe, und Erika leitet mit ihrem Mann den anderen Kreis. Und beide Kreise laufen wunderbar. Auch ohne Pastor. Im Gegenteil, manches läuft sogar noch besser, seit wir selbst dafür verantwortlich sind. Wenn das mit dem Zulauf neuer Teilnehmer so weiter geht, muß sich der eine Kreis bald schon wieder teilen."

i) Hauskreise verfügen über ein großes „missionarisches Potential"

Gegenüber Menschen, die dem Glauben noch fernstehen, verfügen Hauskreise über ein großes „missionarisches Potential".

Da bei den Einladungen zum Hauskreis in der Regel die natürlichen Kontakte der Teilnehmer fruchtbar gemacht werden (persönliche Einladung an Bekannte, Nachbarn, Arbeitskollegen, Freunde), kennt jeder, der neu hinzukommt, bereits jemanden in der Gruppe. Dies vermittelt dem Interessierten ein Gefühl der Sicherheit und Vertrautheit.

Ebenso wie die Tatsache, daß die Treffen in privaten Räumen stattfinden. Die meisten Menschen lassen sich viel eher in das Wohnzimmer des Nachbarn oder Bekannten einladen als in gemeindliche Räumlichkeiten. Das hängt zum einen damit zusammen, daß ein privater Raum, auch wenn er noch so spartanisch eingerichtet sein sollte, für viele Menschen eine unvergleichlich persönlichere und freundlichere Note hat als kirchliche Räume. Zum anderen ist dadurch bei einer Teilnahme am „Haus-Kreis" niemand gezwungen, aus seinem bisherigen Lebensmilieu in ein anderes, unbekanntes zu emigrieren (wie es etwa beim Gottesdienst der Fall ist). Im Hauskreis kommt man vielmehr an einem vertrauten Ort zusammen. Hier braucht sich keiner ein „frommes Benehmen" anzueignen, sondern jeder kann sich so geben, wie er es sonst auch tut. Im Privathaus sind die Gespräche und die Gemeinschaft nicht durch kirchlichen „Stallgeruch" belastet.

Das Haus als Ort des Zusammenseins erleichtert außerdem eine lebensnahe Vermittlung zwischen Glaube und Alltagsleben der Menschen. Auch das ist wichtig, wenn man dem Glauben entfremdete Menschen erreichen möchte.

Schließlich sind Hauskreise flexibel und differenziert genug, um sich jeder Situation anzupassen und auf die Bedürfnisse der jeweils zusammengekommenen Menschen einzugehen. In dieser Gruppe kann dem einzelnen das Evangelium so vermittelt werden, daß er es auf jeden Fall versteht.

Friedrich W. hat durch einen Hauskreis einen neuen Zugang zum Glauben gefunden:

„Ich war zehn Jahre zuvor aus der Kirche ausgetreten. Mehrmals wurde ich von unseren Nachbarn zu Veranstaltungen im Gemeindehaus eingeladen. Ich bin nie hingegangen, weil ich dachte: ‚Da hast du nichts zu suchen. Du bist ja ausgetreten.' Dann starteten unsere Nachbarn – mit einigen anderen aus der Kirchengemeinde – einen Hauskreis in ihrer Wohnung. Etwa nach einem Jahr luden sie uns plötzlich dazu ein. Meine Frau und ich nahmen die Einladung an. Wir hatten ja nichts dabei zu verlieren, mal eben auf einen Abend ins Wohnzimmer der Nachbarn zu gehen.

Das war ein spannender Abend! Obwohl ich nicht viel gesagt habe. Meine Frau dafür um so mehr. Sie wollte soviel wissen (und das waren auch meine Fragen, die sie stellte!). Und unsere Nachbarn und die anderen sind ganz geduldig auf alles eingegangen. Ich glaube, wir haben den Abend ganz schön durcheinander gebracht. Aber wir haben viele Antworten bekommen.

Als wir wieder zu Hause waren, waren wir überrascht, wie ungezwungen und locker so eine kirchliche Veranstaltung ablaufen konnte. Das war ein gemütlicher Abend. Und diese modernen Lieder, die da gesungen wurden, die waren richtig schön. Als wir drei Tage später von unseren Nachbarn zum nächsten Treffen eingeladen wurden, haben wir sofort zugesagt."

j) Hauskreise erreichen die „mittlere Generation"

Hauskreise sind ein Baustein der Gemeindearbeit, der es der Altersgruppe der 30 bis 49-jährigen ermöglicht, ihr Interesse am Glauben und an der Kirche im Raum der Gemeinde einzubringen. Während die traditionellen Gruppen wie Männerkreis, Frauenkreis und Bibelstunde die „mittlere Generation" offensichtlich nicht ansprechen, stellen Hauskreise hier eine gute Alternative dar.[132]

Das meint auch Inge B., 40 Jahre alt:

„*Ich hatte schon lange Interesse an Fragen des Glaubens. Aber welcher Gruppe unserer Gemeinde sollte ich mich anschließen? Die Frauen der Bastelgruppe, die in meinem Alter sind, basteln nur. Beim Frauenkreis ist keiner unter 60. Da ist der Altersunterschied beim besten Willen zu groß für mich. Und in der Bibelstunde sind alle noch älter. Da kam die Einladung zum neuen Hauskreis gerade richtig für mich. Die waren alle, zumindest annähernd, in meinem Alter. In diesem Kreis fühle ich mich sehr wohl."*

2. Gefährdungen der Hauskreisarbeit

Es gehört zum Wesen der Hauskreise, daß mögliche Fehlentwicklungen in diesem Bereich der Gemeindearbeit in den angeführten vielfältigen Chancen der Hauskreisarbeit wurzeln.

a) Hauskreise können zur exklusiven Clique verkommen

Die kleine überschaubare Gruppe des Hauskreises mit ihrer so persönlichen Atmosphäre kann dazu verleiten, daß die Teilnehmer die Gemeinschaft untereinander überbetonen und die Gruppe sich nach außen abkapselt.

Gerade weil man einander so gut kennt und miteinander vertraut ist, weil die Gespräche so inspirierend sind, die Gemeinschaft so intensiv und die Atmosphäre so familiär, entsteht häufig ein Klima in der Gruppe, in dem jeder, der neu hinzukommt, wie ein „Fremd-Körper" wirkt. Ein Eindruck, den sowohl die Gruppe als auch der Neuhinzugekommene selbst haben.

Hauskreise stehen somit in der Gefahr, daß die Gruppe nach anfänglicher Offenheit im Laufe der Zeit das Interesse daran verliert, neue Personen einzuladen. Diese Cliquenmentalität wird vom Hauskreis selbst oft gar nicht wahrgenommen.

Die Tendenz zum selbstgenügsamen „Schmoren im eigenen Saft" wird einerseits um so größer, je länger der Kreis besteht. Andererseits dann, wenn der Hauskreis mit etwa zwölf Personen die Grenzen seiner Aufnahmefähigkeit erreicht hat (die Gruppe wird sonst wieder unüberschaubar) und bei weiteren Mitgliedern eine Teilung des Hauskreises nötig wäre. Um eine Trennung der vertrauten Gruppe zu verhindern, wird dann niemand mehr eingeladen.

Christine und Heiner P. haben das so erlebt:

„Wir hatten in unserer Gemeinde einen Glaubenskurs mitgemacht. Alle, die dort einen neuen Anfang mit Gott gemacht hatten, wurden am Ende des Kurses eingeladen, sich einem der zehn Hauskreise in der Gemeinde anzuschließen. Auch wir wurden auf einen bestimmten Hauskreis aufmerksam gemacht. Ganz gespannt gingen wir hin.

Zehn fremde Gesichter sahen uns fragend und neugierig an. Und das blieb den ganzen Abend so. Obwohl das Gespräch eigentlich sehr tiefschürfend war, lief doch alles in einer verkrampften Atmosphäre ab. Wir hatten beide den Eindruck: ‚Die kennen sich schon alle sehr lange. Hier weiß schon jeder, was der andere gleich sagen wird. Und wir stören jetzt auf einmal ihre Gemeinschaft.'

Auch beim sogenannten ‚gemütlichen Teil' bekamen wir keinen rechten Anschluß. Die anderen klönten alle kräftig miteinander. Und wir saßen ziemlich dumm dazwischen. Wenn uns mal einer ansprach, dann ging es um irgendeine Belanglosigkeit. Wir waren froh, als wir wieder zu Hause waren.

Das war das erste und letzte Mal, daß wir bei diesem Hauskreis waren. Den einen oder anderen der Gruppe haben wir später nochmal in der Gemeinde getroffen. Aber auf den Hauskreis wurden wir von keinem angesprochen."

b) Hauskreise können in der Sammlung erstarren

Neben der Selbstgenügsamkeit stellt die Selbstzufriedenheit eine der größten Gefährdungen für Hauskreise dar. Das intensive spirituelle Leben der Gruppe kann zu einer Trennung zwischen „geistlichem" und „säkularem" Leben führen, so daß zwischen beiden Bereichen kaum noch Berührungen stattfinden. Durch einseitige Betonung der Sammlung und eine individualistische Verengung des Heils wird die Sendung vernachlässigt und der Hauskreis erstarrt in frommem Egoismus. Die Welt als Ort des Dienstes der Christen für das Reich Gottes gerät völlig aus dem Blickfeld.

Die Umfrageergebnisse machen deutlich, daß das Unbehagen, das hinter der kritischen Anfrage nach dem Stellenwert der gesellschaftspolitischen und ethischen Konsequenzen des Evangeliums in der Hauskreisarbeit steht, nicht unbegründet ist.

Pastor D. dazu: *„In unserer Gemeinde gibt es einen Hauskreis, da werden die steilsten theologischen Fragen gewälzt. Immer weiter möchten die Teilnehmer im Glauben wachsen. Immer mehr in der geistlichen Erkenntnis zunehmen. Eigentlich ein Grund zur Freude. Aber ich habe Angst, daß dieser Kreis ganz ins Private abgleitet.*

Als wir vor einiger Zeit unsere Friedensdekade veranstalteten, machten alle Hauskreise mit – bis auf diesen einen. ‚Wir haben jetzt keine Zeit, uns mit diesem Thema zu beschäftigen. Bei uns sind gerade andere Dinge aktuell', hieß es.

Als ich später anfragte, ob die Gruppe oder zumindest einige davon bei der diesjährigen ‚Missionarischen Woche' unserer Gemeinde mithelfen könnten, bekam ich zu hören: ‚Wir sind noch nicht soweit. Wir brauchen noch Zeit, um selbst genügend im Glauben gefestigt zu sein.'"

c) Hauskreise können sich in der Sendung verlieren

Neben der Möglichkeit, daß Hauskreise gleichsam in der Sammlung „steckenbleiben", muß auf der anderen Seite auch auf die ebenso große Gefahr hingewiesen werden, daß sie sich in der Sendung „verlieren". Das ist dann der Fall, wenn Hauskreise nur noch eine Aktion nach der anderen planen und verwirklichen, ohne zwischendurch immer wieder neu zu einer geistlichen Gemeinschaft im gemeinsamen Bibelgespräch und Beten zurückzufinden. Die Folge ist, daß der „sich hineinopfernde Dienst an den Orten der Welt" seine eigentliche Kraft verliert und sich in bloßem Aktionismus auflöst.

Henning G. ist es mit seinem Hauskreis so ergangen:

„Es hatte Folgen, die so eigentlich nicht gewollt waren, als wir uns im Hauskreis mit der Friedensproblematik auseinandersetzten. Zuerst war es so, daß wir gemeinsam an Friedensdemos teilnahmen. Dann haben wir eine ‚Aktionsgruppe: Frieden' in der Gemeinde gegründet. Die war von den Personen her praktisch mit unserem Hauskreis identisch.

So gab es im Laufe der Zeit immer mehr organisatorische Dinge während der Hauskreistreffen zu besprechen: Seminare, Aktionstage, Leserbriefkampagnen – all das mußte ja geplant werden. Und dafür haben wir dann leider immer mehr die Hauskreis-Zeit verwendet. Weil zusätzliche gemeinsame Termine so schwer zu finden waren.

Inzwischen ist es in der Friedensfrage auch bei uns leiser geworden. Und jetzt merken wir, daß wir gar nicht mehr so recht wissen, wie wir die Hauskreiszeit eigentlich füllen sollen."

d) Hauskreise können pharisäisches Denken fördern

Die Chancen, die in der Befähigung zum mündigen Umgang mit den Grundformen christlicher Lebensgestaltung und in der weitgehenden Selbständigkeit der Hauskreise gegenüber der Gemeindeleitung liegen, können im ungünstigen Fall dazu führen, daß sich Hauskreisteilnehmer anderen Gemeindegliedern gegenüber als die „wahren Christen" überlegen fühlen.

Sie erheben dann (vorschnell) den Anspruch, den Glauben „entschiedener", „biblischer" oder „bekenntnisgemäßer" als andere zu leben. Dadurch kann ein „Zwei-Klassen-Christentum" aufgerichtet werden, welches unweigerlich zu einer unguten Polarisierung in der Gemeinde führen muß.

Eine solche Fehlentwicklung wird dadurch gefördert, daß – jedenfalls in der pluralistischen Volkskirche – in Gemeinden vielfach unterschiedlichste, manchmal sogar entgegengesetzte Glaubensausprägungen und Frömmigkeitsstile gleichberechtigt nebeneinander stehen. (Es würde einem voreiligen und unqualifizierten Beurteilen des Glaubens von anderen entgegenwirken, wenn gemeinde- bzw. kirchenleitende Gremien wieder wagen würden zu sagen, was eigentlich christlicher Glaube ist und was nicht.)

Aber nicht nur Hauskreisteilnehmer neigen zu pharisäischem Denken. Häufig ist es auch so, daß die Gruppen selbst gar kein „elitäres Gehabe" an den Tag legen, aber daß allein schon durch die Existenz solcher intensiven geistlichen Gemeinschaften bei manchen Gemeindegliedern der Eindruck entsteht, jeder, der wirklich Christ ist, müßte eigentlich einem Hauskreis angehören. Hauskreise werden somit vielfach schon auf Grund ihrer inneren Verbindlichkeit zur Anfrage und Provokation für andere Christen.[133]

Gisela Z. klagt: *„Ich habe mich über den Hauskreis in unserer Gemeinde schon ordentlich geärgert. Da sitzen offensichtlich die klügsten ‚Schriftgelehrten' zusammen. Die wissen alles besser. Und fühlen sich auch als die besseren Christen.*

Zweimal bin ich zu diesem Hauskreis hingegangen. Das war nicht zum Aushalten! Jedesmal wurde ich herausfordernd gefragt, ob ich mich überhaupt bekehrt hätte. Und wie das genau gewesen sei. Die haben richtig gebohrt.

Ich wußte zuerst gar nicht, was ich sagen sollte. Als ich nicht antwortete, wurde mir vorgeworfen, ich sei noch nicht richtig ‚entschieden'. Ich fühlte mich richtig unter Druck gesetzt. Ich glaube doch auch an Jesus Christus, aber dieser Glaube ist bei mir langsam gewachsen. Deswegen kann ich nicht wie die anderen einen bestimmten Bekehrungstag nennen."

e) Hauskreise können zum Gemeindeersatz degenerieren

In der intensiven Gemeinschaft der Gruppe wurzelt auch die Tendenz, daß Hauskreise, zumindest für einige ihrer Mitglieder, zu einer Art „Ersatzgemeinde" werden. Diese Entwicklung ist leider immer wieder zu beobachten.[134]

Dabei sind die Hauskreisteilnehmer meistens gar nicht negativ gegenüber der örtlichen Gemeinde eingestellt. Manche stellen jedoch fest, daß der Hauskreis ihre „religiösen Bedürfnisse" abdeckt und ziehen sich deswegen immer mehr von der Ortsgemeinde zurück. Diese Tendenz verstärkt sich sehr häufig, wenn auch das Abendmahl im Hauskreis gefeiert wird.

Pastor L.: *„Einige Hauskreisteilnehmer nehmen überhaupt nicht mehr am Leben unserer Gemeinde teil. Sie sind weder im Gottesdienst zu sehen, noch in anderen Gruppen. Allenfalls, wenn wir mal ein Seminar oder sonst eine besondere Veranstaltung anbieten, tauchen sie plötzlich auf. Die picken sich nur die ‚Rosinen' aus dem Gemeindeleben raus.*

Kürzlich fragte der Leiter auch noch, ob ich nicht ab und zu kommen könnte, um im Hauskreis das Abendmahl einzusetzen. Das habe ich abgelehnt. Nicht, daß ich grundsätzlich etwas dagegen hätte, aber dann gibt es für einige ja erst recht keinen Grund mehr, zum Gottesdienst zu kommen. Die Gemeinde Jesu Christi ist aber doch größer als die Gemeinschaft eines Hauskreises!"

f) Hauskreise können zu Spaltungen in der Gemeinde führen

Neben solcher Absonderung kann es schließlich auch zur völligen Abspaltung eines Hauskreises von der Ortsgemeinde kommen. Diese Gefährdung wurzelt in der Chance der Selbständigkeit von Hauskreisen.[135]

In Korinth gab es dominierende Einzelpersönlichkeiten in den Hausversammlungen, die die anderen Menschen an sich banden und so zur Ursache für eine mögliche Gemeindespaltung wurden. Das ist heute oft genauso. Vielfach durchlaufen Hauskreise vor ihrer Abspaltung von der Gemeinde eine längere Entwicklung, die von der Selbstzufriedenheit und Selbstgenügsamkeit über ein „Elitebewußtsein", häufig verbunden mit der Behandlung bestimmter „Lieblingsthemen" im Hauskreis (z.B. Bekehrung bzw. Wiedergeburt, Wehen der Endzeit, Geistestaufe oder alttestamentliche Gesetzesvorschriften etc.), zur Absonderung und schließlich Abspaltung führt.

Pastor B. hat das in seiner Gemeinde erlebt:

„Kürzlich haben wir einen ganzen Hauskreis an eine Sekte verloren. Es ging dabei um Lehrstreitigkeiten.

Anfänglich gehörten die Mitglieder dieses Hauskreises zu den treuesten Gemeindegliedern. Sie waren fast in jedem Gottesdienst komplett versammelt. Es waren Menschen, die einen großen geistlichen Wissensdurst hatten. Sie waren ganz begierig, biblisches Wissen aufzunehmen.

Es ist mir leider erst zu spät aufgefallen, daß die Hauskreisteilnehmer plötzlich immer seltener im Gottesdienst zu sehen waren. Sie gingen zu einer anderen ‚Gemeinde' in unserer Stadt. Zu einer Gruppe von Leuten, die ‚bewußt urchristlich' leben wollten. Dazu gehörte für sie auch, daß alttestamentliche Gesetzesvorschriften haargenau eingehalten werden.

Ich besuchte den Hauskreis und wir redeten über alles. Es war ein langer Abend. Das Ergebnis war, daß unsere Gemeinde sich von diesem Hauskreis trennen mußte."

3. Konsequenzen für die Gemeindearbeit

Die Chancen, die Hauskreise als Baustein der Gemeindearbeit haben, belegen, daß diese kleinen überschaubaren Zellen geistlichen Lebens Entscheidendes zu einem lebendigen, attraktiven und ganzheitlichen Leben im „Organismus Gemeinde" beitragen können. Von daher sind Hauskreise eine sinnvolle und meines Erachtens (fast) unentbehrliche Bereicherung traditioneller Formen der Gemeindearbeit. Als „*ergänzendes* Modell" in der Gemeindearbeit stellen sie eine Herausforderung für jede christliche Gemeinde (Gemeinschaft) dar, ganz gleich, ob sie volkskirchlich oder freikirchlich verfaßt ist.

Die Kirche Jesu Christi kann grundsätzlich „nicht auf die Intimität ihrer Glaubensgemeinschaft verzichten, ohne sich selbst zu ent-leiben. So ist es zu verstehen, daß sie in ihrer Geschichte, nicht nur in der Ursprungszeit, sondern auch, je größer sie wurde, immer wieder mit der Bildung von Gruppengemeinschaften und dem Ruf nach solchen zu tun hatte. Dies ist zwar nie eine problemlose, aber immer eine besonders wichtige konstruktive ekklesiale Realität gewesen".[136]

Die in den Chancen eingeschlossenen möglichen Fehlentwicklungen in der Arbeit mit Hauskreisen sind aber zugleich ernüchternd und mahnen zu einem zielorientierten, reflektierten Umgang mit dieser Form der Gemeindearbeit.

Möchte man die Chancen der Hauskreisarbeit fruchtbar machen und die Gefahr von Fehlentwicklungen so gering wie möglich halten, so ergeben sich für die Praxis der Gemeindearbeit folgende Konsequenzen:

a) Hauskreise ernst nehmen und bewußt fördern

Es ist zu vermeiden, daß Hauskreise in der Gemeinde vom Pfarrer und dem gemeindeleitenden Gremium von vornherein unter einen negativen Erwartungsdruck gestellt werden. Dies gilt auch dann, wenn manche Hauskreise sich nicht ganz bzw. sofort „nach Wunsch" der Gemeindeverantwortlichen entwickeln.

Wo Laien in der Gemeinde die Initiative ergreifen und ein Stück allgemeines Priestertum aller Gläubigen verwirklichen, ist dieses zunächst grundsätzlich zu begrüßen und zu fördern. Dazu aber gehört es, daß ihnen für ihr Engagement ein genügend großer „Spielraum" eingeräumt wird, innerhalb dessen es auch zu „vertretbaren" Fehlentwicklungen kommen darf.

Bereits bestehenden Hauskreisen in einer Gemeinde ist zu signalisieren, daß sie als geistliche Gemeinschaften ernstgenommen und als wichtiger Baustein der Gemeindearbeit angesehen werden. Ihre weitere Entwicklung sollte die Gemeindeleitung bewußt begleiten und fördern und, je nach Gemeindesituation, gleichzeitig die Bildung weiterer Gruppen anregen.

b) Hauskreise als Gemeinschaften im Hören und Beten, Feiern und Arbeiten verstehen

Die von F. Schwarz genannten vier Elemente ganzheitlicher christlicher Gemeinschaft, gemeinsames Hören und Beten, Feiern und Arbeiten, überzeugen auch als „Grundelemente" einer Hauskreiszusammenkunft. Es ist allerdings illusorisch und auch gar nicht wünschenswert, daß die genannten Elemente auch nur einigermaßen gleichgewichtig in einem Hauskreis vorkommen. Jede Gruppe sollte die Schwerpunkte je nach Interessen und Gaben der Teilnehmer selbst setzen.

Auf diese Weise können, entsprechend den genannten Elementen, schwerpunktmäßig „bibelorientierte", „gebetsorientierte", „gemeinschaftsorientierte" oder „dienstorientierte" Hauskreise entstehen.

c) Verschiedene Hauskreis-Modelle unterscheiden

Von der Zielsetzung her sind in der Gemeindearbeit verschiedene Hauskreis-Modelle voneinander zu unterscheiden. Am häufigsten begegnen der vertiefende, der missionarische oder der „offene" Hauskreis.

Im *vertiefenden Hauskreis* sammeln sich Menschen, die sich bewußt als Christen verstehen und sich in der Regel auch sonst schon zum Leben der Gemeinde halten. Vielfach sind sie in anderen Kreisen bereits als Mitarbeiter tätig. Vom Hauskreis erwarten sie geistliche Impulse und Erfahrungen für ihr persönliches Wachstum im Glauben, Hilfen für ihr Leben als Christen in der Welt und einen Erfahrungsaustausch mit denen, die ebenfalls in der Nachfolge Jesu Christi stehen. Die „erbaulichen" Bibelgespräche (häufig werden neutestamentliche Briefe oder alttestamentliche Texte behandelt) und das (gemeinsame) Gebet bilden daher meistens den Schwerpunkt in vertiefenden Hauskreisen.

Im *missionarischen Hauskreis* liegt das Schwergewicht auf der Kontaktpflege zu Menschen, die dem christlichen Glauben noch ganz fernstehen. Diese gemeinschaftsorientierten Gruppen werden meist von einem kleinen Kreis engagierter Christen geleitet, die Freunde und Bekannte beispielsweise zu Gesprächen über aktuelle Themen (aus christlicher Sicht) einladen. Bibel und Gebet spielen in missionarischen Hauskreisen eine mehr oder weniger untergeordnete Rolle. Insofern es sich für die Christen, die diesen Kreis tragen, um einen reinen „Dienstkreis" handelt, könnte man hier zusätzlich auch von einem dienstorientierten Hauskreis sprechen.

Der *offene Hauskreis* versucht die Zielsetzung des vertiefenden Hauskreises mit einer missionarischen Ausrichtung zu verbinden. Zwar bildet auch hier das Bibelgespräch die Mitte der Zusammenkünfte, aber es werden bewußt „einfache" Texte gelesen (Evangelientexte fortlaufend oder auch in Auswahl). Der offene Hauskreis lebt aus einer befruchtenden Spannung: Einerseits sind hier bewußte Christen vertreten, die dadurch, daß sie den anderen im Kreis gegenüber ihren Glauben bezeugen, ihren Glauben vertiefen und vergewissern, andererseits sind hier Menschen versammelt, die sich dem Glauben oder zumindest der Kirche gegenüber entfremdet haben, aber trotzdem von christlichen Glauben Antworten auf ihre Lebensfragen erwarten. Die ständige Offenheit gegenüber neuen Teilnehmern (und gegenüber einer dadurch gegebenenfalls nötig werdenden Teilung der Gruppe) ist das Lebensprinzip des offenen Hauskreises.

Welche der drei genannten Ausprägungen der Hauskreisarbeit die sinnvollste für die Gemeindearbeit ist, kann nicht pauschal gesagt werden. Dies hängt von den jeweiligen Gegebenheiten des Gemeindelebens ab.

Exkurs: Eine bewährte Struktur für Hauskreisabende

Für eine Hauskreiszusammenkunft hat sich ein Zeitrahmen von etwa zwei Stunden bewährt. Diese Zeit sollte sich in einen „formellen" und einen „informellen" Teil aufgliedern.

Am Anfang des Abends steht die „Anwärmphase", die bereits zum formellen Teil gehört. Nachdem alle Teilnehmer eingetroffen sind und sich gegenseitig begrüßt haben, ist es sinnvoll, mit gemeinsamem Singen zu beginnen. Es hat sich bewährt, zwischen den einzelnen Liedern eine kurze Austauschrunde einzuschieben. Die Leitfrage hierfür könnte lauten: „Was beschäftigt mich gerade am meisten?" Auch ein Gebet mit der Bitte um Gottes Leitung gehört zu diesem ersten Abschnitt des Abends.

Hierauf folgt die erste Annäherung an den vorgesehenen Bibeltext (oder gegebenenfalls der Einstieg in das Thema des Abends). Ich würde darauf verzichten, dem Bibelgespräch eine gelehrte „Einführung in den Text" voranzustellen, da dies erfahrungsgemäß das beste Mittel ist, um die Gesprächsbereitschaft der Teilnehmer abzuwürgen. Das Wort Gottes soll und kann ganz persönlich zu jedem einzelnen Teilnehmer sprechen. Es reicht aus, wenn der Leiter des Hauskreises sich über den Bibelabschnitt in der entsprechenden Vorbereitungsliteratur kundig gemacht hat, und so, falls dies nötig werden sollte, in der Lage ist, eine Fehldeutung des Bibelwortes zu verhindern.

Zunächst kann einer der Teilnehmer gebeten werden, den Bibelabschnitt laut vorzulesen (falls verschiedene Bibelübersetzungen benutzt werden, ist auch ein zweites Vorlesen sinnvoll). Dann hat jeder Zeit, das Bibelwort nochmals still für sich zu lesen und zu bedenken.

Für das folgende Gespräch kann es hilfreich sein, wenn man beim Lesen folgende Zeichen mit Bleistift neben den betreffenden Bibelversen notiert:

! = Das ist mir besonders wichtig
? = Das verstehe ich nicht
☆ = Das reizt mich zum Widerspruch

Je nach Gruppe sind noch viele weitere Zeichen denkbar.

In der folgenden Gesprächsphase kann nun der Bibeltext erschlossen werden, indem gefragt wird, wer welchen Vers mit welchem Zeichen markiert hat. Am besten, man nähert sich dem Textabschnitt positiv und fragt zunächst nach den Ausrufezeichen.

Beim Gespräch ist darauf zu achten, daß die Fragen (vgl. die Fragezeichen) der einen, soweit möglich, von denen beantwortet werden, die bei der betreffenden Bibelstelle ein anderes Zeichen am Rand notiert haben. Grundsätzlich gilt: Es sollten zwar alle Fragen angesprochen werden, aber es muß nicht immer auf alle Fragen an einem Abend eine Antwort gefunden werden.

Nach der Gesprächsphase, die nicht zu lange dauern sollte, wird der formelle Teil des Treffens mit Lied und Gebet abgeschlossen.

Der informelle Teil des Abends ist möglichst ungezwungen und gelöst zu gestalten. Tee und Kekse oder ähnliches können nun gereicht werden, und vielleicht ist es auch möglich, die Sitzordnung etwas zu verändern.

d) Die Ortsgemeinde sollte den Bezugsrahmen der Hauskreisarbeit bilden

Den äußeren Bezugsrahmen für die vielfältigen Hauskreisaktivitäten einer Parochie sollte die örtliche Gemeinde bilden. Nur wenn Hauskreise ausdrücklich als eine *Gemeinschaft in der Gemeinde für die Gemeinde* verstanden werden, tragen sie letztlich Wesentliches zu einer geistlichen Belebung der Gemeinde bei und nehmen am missionarisch-diakonischen Auftrag der Gemeinde Jesu Christi teil. Gleichzeitig werden Hauskreise durch die Gemeinde als bewußt übergeordnete Bezugsgröße vor möglichen Fehlentwicklungen geschützt.

Von daher gilt es, den verantwortlichen Hauskreismitarbeitern (ohne pastorale Arroganz!) deutlich zu machen, daß eine Gemeinde (zur Not) ohne Hauskreise auskommen kann, Hauskreise aber letztlich nicht ohne Einbindung in eine Gemeinde.

In Anlehnung an das in der Apostelgeschichte beschriebene „Jerusalemer Modell" der Gemeindearbeit (vgl. Apg 2,46) sehe ich Hauskreise als wichtige Ergänzung zum Gottesdienst der Gesamtgemeinde, nicht aber als Ersatz dafür im Sinne einer „kleinen Gemeinde" im vollen ekklesiologischen Sinne. Eher schon ließe sich das Verhältnis zwischen dem Gottesdienst einerseits und einzelnen

Hauskreisen andererseits mit dem Bild der Ellipse bestimmen: Gottesdienst und Hauskreise wären dann die *zwei Brennpunkte* der *einen Gemeinde*.

Ich halte es daher, im Gegensatz zu Luther und den Gemeindeaufbaukonzepten „Kirche für andere" und „Überschaubare Gemeinde", nicht für sinnvoll, Hauskreisen die Sakramentsverwaltung bzw. die Feier des Abendmahls zuzugestehen. Der Vollzug der Taufe und des Herrenmahls sind in jedem Fall dem Gottesdienst der Gesamtgemeinde vorzubehalten. Stattdessen hat es sich bewährt, die einzelnen Hauskreise verstärkt mit ihren Gaben in den Gemeindegottesdienst einzubeziehen.

e) Ein „Hauskreis-Forum" als koordinierendes Gremium einrichten

Um die Entwicklung der Hauskreise im Rahmen der Ortsgemeinde sinnvoll zu begleiten und zu fördern, ist es nötig, ein Gremium einzurichten, das die Hauskreisaktivitäten der Gemeinde koordiniert. Ein solches „Hauskreis-Forum" unter der Leitung eines für die Hauskreisarbeit zuständigen Mitarbeiters bildet dann das Herzstück und den maßgeblichen Träger der Hauskreisarbeit der Gemeinde. Es ist von daher zu empfehlen, daß die Gemeindeleitung in geeigneter Weise im Hauskreis-Forum vertreten ist.

Die „Ansprechpartner" (Leiter) der verschiedenen Hauskreise sollten sich in regelmäßigem, nicht zu großem Abstand (z.B. zweimonatlich) zum Hauskreis-Forum treffen und im Sinne von Eph 4,12 für ihren Dienst zugerüstet werden. Es ist die Zielsetzung des Hauskreis-Forums, zum einen Erfahrungen aus der Arbeit auszutauschen, gemeinsam nach Lösungen für eventuelle Probleme in einzelnen Gruppen zu suchen („Wenn es langweilig wird im Hauskreis"), und Antworten auf offene (theologische) Fragen zu formulieren. Zum anderen sollen hier die gesammelten Mitarbeiter für ihren Dienst geistlich und praktisch geschult („Wie bereitet man einen Hauskreisabend vor?", „Wie leitet man das Gespräch im Hauskreis?") und auf diese Weise auch neue Hauskreisleiter gewonnen werden. Schließlich können im Hauskreis-Forum die Aktivitäten untereinander und mit der Gesamtgemeinde abgestimmt und notwendige Dienste und dringliche Aufgaben auf die Hauskreise verteilt werden.

Dabei sind die Grundelemente dieser Treffen mit denen der Hauskreise identisch: gemeinsames Hören und Beten, Feiern und Arbeiten. Der Schwerpunkt liegt allerdings eindeutig auf dem Arbeiten. Der Ablauf eines Hauskreis-Forums könnte demzufolge so aussehen: Lied/Lieder – Gebet – abwechselnd: Bibelarbeit oder ein Thema zur Praxis der Hauskreisarbeit – Lied – organisatorische Absprachen – Gebet.

Die Einrichtung eines Hauskreis-Forums verhindert, daß die verschiedenen Hauskreise in der Gemeinde zusammenhanglos nebeneinander existieren, und wirkt Fehlentwicklungen entgegen, die dadurch entstehen, daß Hauskreise den Kontakt zur Gemeinde bzw. Gemeindeleitung verlieren.

f) Direkten Kontakt zwischen Hauskreisen und der Gemeindeleitung herstellen

Neben der Verbindung zwischen der Gemeindeleitung und den Hauskreisen über die jeweiligen Leiter oder „Ansprechpartner" ist es wünschenswert, daß es auch zu einem direkten Kontakt zu den einzelnen Hauskreisteilnehmern kommt. Auf diese Weise wird eine größere Nähe zwischen dem Einzelnen und der Ortsgemeinde hergestellt und gewährleistet, daß bekannt ist, welche Personen sich in den Hauskreisen sammeln.

Eine bewährte Möglichkeit, um diese Ziele zu erreichen, ist die Veranstaltung eines regelmäßigen „Gemeinsamen Abends" aller Hauskreisteilnehmer. Die Vorbereitung dafür könnte einerseits natürlich in der Hand des Pfarrers oder eines für die Hauskreisarbeit zuständigen Mitarbeiters liegen. Andererseits ist es auch sinnvoll, daß die Hauskreise sich in der Verantwortung dafür abwechseln.

Neben dem geselligen Teil können bei Bedarf am Gemeinsamen Abend auch aktuelle Themen (es sei hier an die bereits erwähnten „Lieblingsthemen" mancher Kreise erinnert) oder brennende gesellschaftspolitische und ethische Fragen aufgegriffen und gemeinsam bearbeitet werden.

Zusätzlich halte ich es schließlich für erstrebenswert, daß der Gemeindepfarrer wenigstens einmal im Jahr jeden Hauskreis seiner Parochie besucht. Auf diese Weise kommt es zu einer intensiven Begegnung mit jedem einzelnen Teilnehmer, und die Gruppen erleben, daß sie beachtet werden und ein wichtiger Baustein der Gemeindearbeit sind.

Ausblick

Wenn es gelingt, die Chancen der Hauskreisarbeit für die Gemeinde Jesu Christi fruchtbar zu machen und mögliche Fehlentwicklungen weitestgehend abzuwehren, vermögen Hauskreise als Baustein der Gemeindearbeit einen wesentlichen Beitrag zur Erneuerung unserer Kirchen zu leisten. Sie verwirklichen dann etwas von der Gemeinschaft neuen Zusammenlebens, die durch Gottes Heilshandeln in Jesus Christus geschenkt worden ist: „Einer nimmt sich des anderen an, trägt mit an seiner Sorge und Last (Gal 6,2). Keiner versteckt vor dem anderen die Misere seines Lebens, um – wie es in der offiziellen Kirche üblich ist – bürgerlichen Anstand und fromme Gesinnung des Privatchristentums zu heucheln. Einer berät, tröstet, mahnt den anderen (Gal 6,1). Die an den Rand der Gesellschaft Gedrängten rücken in den Mittelpunkt des liebevollen Beistandes und der geduldigen, nicht müde werdenden Hilfe: Die Süchtigen, die am Leben Verzweifelnden, die Kranken, die Hilflosen, die Alten. Ausgesprochen, gehört und diskutiert wird die harte Kritik der Jugend. In der bruderschaftlichen Gemeinschaft beginnt das spannende Miteinander, in dem Gegensätze ausgetragen und versöhnlich durchgestanden werden. Alles ist *ein Anfang,* in dem Menschen aneinander schuldig werden, einander vergeben, ihre Schwächen zu ertragen und zu tragen die ersten Schritte tun."[137]

Anhang I

Fragebogen für Hauskreis-Teilnehmer

(Alle Angaben in %)

1) Wie lange nehmen Sie bereits an Ihrem jetzigen Hauskreis (im Folgenden „HK" abgekürzt) teil?

bis 1: 15,4
1: 9,4
2: 17,0
3: 10,9
4: 6,4
5: 6,0
6: 1,9
7: 3,4
8: 4,2
9 und länger: 25,3

2) Wodurch haben Sie von diesem HK erfahren bzw. sind Sie dazu gekommen?

Gemeindebrief	2,3
Abkündigung im Gottesdienst	2,3
Hinweis bei anderen kirchlichen Veranstaltung	8,3
Tageszeitung	0,0
Schaukasten	0,4
Persönliche Einladung	74,1
Einladungsbrief	1,1
Ich habe den HK selbst gegründet	17,4

3) Kannten Sie bereits einen oder mehrere der HK-Teilnehmer, als Sie zum ersten Mal dabei waren?

nein 7,6   ja   91,6

4) Was hat Sie dazu bewogen, am HK teilzunehmen?
(Bitte kreuzen Sie in jeder Zeile Ihre Meinung an!)

Das war für meine
Entscheidung …

	ganz unwichtig	weniger wichtig	auch ein Grund	wichtig	sehr wichtig
Neue Leute kennenlernen	22,1	36,8	29,4	7,8	3,9
Interesse am Thema	1,4	8,0	15,0	43,7	31,9
Freie Zeit	53,9	29,3	10,5	3,1	3,1
Interesse an der Kirche	1,8	15,8	21,6	39,6	21,2
Interesse am Glauben	0,8	0,4	5,2	26,6	67,1
Ich wurde eingeladen	13,8	15,9	33,9	22,8	13,8
Weil Bekannte teilnehmen	34,9	29,6	22,6	9,1	3,8
Sonstiges					6,5

5) Wie oft trifft sich der HK?

Selten	0,0
Monatlich	27,7
Dreiwöchentlich	4,2
Vierzehntägig	52,7
Wöchentlich	15,5

6) Wie oft können Sie teilnehmen?

Selten	0,4
Manchmal	3,8
Meistens	61,0
Immer	35,6

7) Skizzieren Sie bitte in Stichworten den Ablauf ihres HK-Treffens
(Beispiel: Teetrinken – Singen – Bibellesen – Beten …)

Als „Bausteine" eines *jeden* Hauskreis-Treffens wurden genannt:
Begrüßungs- und Austauschphase
Singen
Gespräch über einen Bibeltext (selten: Thema)
Gebet oder Gebetsgemeinschaft
Allgemeines Gespräch bei Tee etc. (auch: organisatorische Absprachen treffen, Informationen aus dem Gemeindeleben)

8) Verstehen sich alle Teilnehmer Ihres HK als Christen?

nein   2,8   ja   97,2

9) Wie ist Ihr HK entstanden? Wer hat die Bildung des HK angeregt?

Am häufigsten wurde in folgender Reihenfolge genannt:
1. Anregung von Laien
2. Anregung von „Hauptamtlichen" (z.B. Gemeindepastor)
3. Teilung oder Abspaltung eines bestehenden HK
4. Im Anschluß an Grundkurs des Glaubens
(Oft Mehrfachnennungen, z.B. „Anregung von Laien im Anschluß an Grundkurs des Glaubens")

10) Ist aus Ihrem HK schon einmal ein neuer HK hervorgegangen?

nein   60,1   ja   39,1

11) Werden zu Ihrem HK noch neue Teilnehmer eingeladen?

nein   6,8
sehr selten   18,7
manchmal   47,0
ja, häufiger   27,5

12) Haben Sie außer der Teilnahme am Hauskreis Kontakt zu Ihrer Kirchengemeinde?

nein   4,0   ja   95,2
(Falls ja, bitte weiter mit der nächsten Frage.
Falls nein, überspringen Sie bitte die nächsten drei Fragen!)

13) An welchen Gemeindeaktivitäten nehmen Sie teil?
(Sie können beliebig oft ankreuzen.)

	nie	selten	manchmal	häufig	regelmäßig
Hauptgottesdienst	0,0	4,8	20,0	34,0	41,2
Beerdigung	4,3	35,7	44,3	13,3	2,4
Trauung	10,9	51,9	30,6	4,9	1,6
Gemeindefest	1,5	12,2	37,8	27,0	21,4
Kindergarten/Spielkreis	71,6	9,0	3.0	6,7	9,7
Frauenkreis	55,1	5,7	12,7	7,0	19,6
Kirchenchor/Posaunenchor	70,1	0,7	2,1	3,5	23,6
Jugendkreis	93,7	0,8	3,1	0,8	1,6
Männerkreis	92,8	0,8	2,4	0,8	3,2
Seniorenkreis	79,0	2,2	6,5	1,4	10,9
Gottesdienst in freier Form (z. B. Lobpreisgottesdienst)	22,4	20,4	24,5	15,6	17,0
Eine-/Dritte-Welt-Kreis	84,0	7,4	4,3	1,1	3,2
sonstige, und zwar:					

14) Haben Sie schon Kontakt zur Gemeinde gehabt, bevor Sie am Hauskreis teilnahmen?

nein   13,1   ja   86,9

15) Haben Sie durch die Teilnahme am HK die Teilnahme an anderen Gemeindeveranstaltungen einschränken müssen, die Sie vorher wahrgenommen haben?

Überhaupt nicht	87,0
Kaum	9,9
Etwas	2,8
Stark	0,4
Sehr stark	0,0

16) Wie hat sich Ihr Kontakt zur Gemeinde seit der Teilnahme am HK entwickelt?

Im Vergleich zu der Zeit vorher nehme ich jetzt an Gemeindeaktivitäten teil …

Gar nicht mehr	4,0
Weniger	2,0
Genau so	54,2
Etwas mehr	24,9
Viel mehr	15,0

17) Falls Sie an mehr Aktivitäten teilnehmen: Welche sind es?

Am häufigsten wurde in folgender Reihenfolge genannt:
1. (vermehrte) Teilnahme am Gottesdienst
2. Teilnahme an besonderen (zeitl. befristeten) Veranstaltungen
3. Mitarbeit in Gemeindekreisen
4. Teilnahme an anderen Gemeindekreisen

18) Welches Verhältnis haben Sie zu dem Pastor, in dessen Gemeindebezirk sich Ihr HK hauptsächlich trifft?

Kenne ihn nicht	0,8
Kenne ihn vom Sehen	6,7
Kenne ihn persönlich	55,7
Stehe in persönlichem Kontakt mit ihm	36,8

19) Weiß der Pastor, in dessen Gemeindebezirk Sie sich treffen, von der Existenz Ihres HK?

nein   4,0   ja   96,0

20) Falls nein, was ist Ihres Erachtens der Grund dafür?

Keine relevanten Angaben, da nur 10 Befragte betroffen sind!
Weiß ich nicht
Wir möchten unter uns bleiben
Wir möchten keinen Kontakt zu dem Pastor
Der Pastor hat dafür keine Zeit
Der Pastor interessiert sich nicht für unseren HK
Der Pastor ist gegen HK

21) Hat der Pastor schon einmal an Ihrem HK teilgenommen?

nein   34,3   ja   65,7

22) Gibt es noch weitere HK in Ihrer Gemeinde?

Nein	7,6
Weiß ich nicht	10,4
Ja, es gibt etwa ... HK	81,9

23) Falls ja, gibt es einen regelmäßigen Kontakt der HK untereinander?

nein   47,8   ja   51,7

24) Gibt es einen Kreis, der die HK-Arbeit in der Gemeinde begleitet?

Nein   34,9
Ja, es gibt eine gemeinsame HK-Vorbereitung   36,2
Ja, es gibt ein Treffen von HK-Verantwortlichen   29,4
Ja, es gibt   11,1

25) Gibt es einen regelmäßigen Kontakt zwischen Ihrem HK und der Gemeinde?

nein   58,2   ja   41,8

26) Falls ja, wie sieht dieser Kontakt aus?

Genannt: 34,7
Nicht genannt: 65,3
Keine relevanten Ergebnisse, da zuwenig Angaben vorliegen!

27) Beteiligt sich Ihr HK als Gruppe am Leben der Kirchengemeinde?

nein   76,1   ja   23,9

28) Falls ja, in welcher Weise?

Keine relevanten Ergebnisse, da lediglich fünf Angaben!

29) Hat Ihr HK einen Leiter?

nein   22,3   ja   77,7

30) Falls ja: Leitet ein Pastor den HK?

nein   92,0   ja   8,0

31) Hat der HK-Leiter Kontakt zur örtlichen Kirchengemeinde?

nein   4,0   ja   96,0

32) Wer bereitet die HK-Treffen vor?

Niemand	9,6
Ein Leiter	41,8
Mehrere Leiter abwechselnd	15,3
Jeder reihum	37,8

33) Welchen Stellenwert haben Ihrer Meinung nach HK für das Gemeindeleben?

Ganz unwichtig	1,6
Weniger wichtig	7,6
Wichtig	42,7
Sehr wichtig	48,6

34) Wie schätzt nach Ihrer Ansicht der Gemeindepastor den Stellenwert von HK für das Gemeindeleben ein?

Ganz unwichtig	3,9
Weniger wichtig	8,6
Wichtig	44,6
Sehr wichtig	42,9

35) Welche Wünsche haben Sie an Ihre Gemeinde bezüglich Ihres HK bzw. der HK-Arbeit ganz allgemein?

Genannt:	26,4
Nicht genannt:	73,7

Am häufigsten wurde in folgender Reihenfolge genannt:
1. Größere Aufgeschlossenheit für HK von seiten der Gemeinden und der Pastoren
2. Daß HK mehr in die Gemeindearbeit miteinbezogen werden
3. Mehr Kontakt der HK untereinander; eine Intensivierung der HK-Arbeit

36) Sind Sie an der Gemeindearbeit leitend bzw. mitarbeitend beteiligt?

Nein	38,1
Ja, in folgendem Bereich:	
Kirchenvorstand	8,8
Chor	15,5
Hauskreis	37,7
Kindergottesdienst	7,1
Frauen- bzw. Männerarbeit	12,6
Mitarbeiterkreis	15,1
Seniorenarbeit	4,6
Besuchsdienst	10,5
Diakonie	3,3
Kinderarbeit	8,8
Jugendarbeit	3,3
Sonstiges	11,7

37) Wieviele Personen gehören zu Ihrem HK?

Keine auswertbaren Angaben!

38) Wieviele Personen nehmen in der Regel an den HK-Treffen teil?

Keine auswertbaren Angaben!

39) Gibt es gelegentlich eine gemeinsame Freizeitgestaltung der HK-Teilnehmer?

nein   45,4   ja   54,2

40) Wie lange dauert ein HK-Treffen in der Regel?

ca. 2 bis 3 Stunden

41) Was sehen Sie als Hauptziel bzw. Hauptzweck Ihres HK an?
(Bis zu 3 Bereiche ankreuzen. Nach Wichtigkeit geordnet: 1.,2.,3.)

Insgesamt mit 1., 2. oder 3. wurden genannt:
Sich über gesellschaftspolitische Themen unterhalten	5,3
Gemeinschaft untereinander haben	37,8
Mehr über den Glauben wissen	33,2
Gemeinsam die Bibel lesen	58,0
Menschen haben, denen ich meine Probleme anvertrauen kann	16,8
Einander in schwierigen Situationen beistehen	22,5
Gemeinsam beten	40,1
Gemeinsam singen	21,0
Mich mit anderen über Fragen des Glaubens austauschen	58,4
Im Glauben weiterkommen	35,1
Sich in der Bibel besser zurechtfinden	17,9
Sonstiges:	1,5

42) Sehen Sie Schwierigkeiten in Ihrer Gemeinde, die neuen Hauskreisen im Wege stehen könnten?

Genannt:	12,8
Nicht genannt:	87,2

Am häufigsten wurde in folgender Reihenfolge genannt:
1. Es fehlen geeignete bzw. geschulte Leiter
2. Widerstand des Pastors gegen HK
3. Keine weiteren „repräsentativen" Nennungen!

43) Was gefällt Ihnen an Ihrem HK besonders gut?

Genannt:	80,8
Nicht genannt:	19,2

Am häufigsten wurde in folgender Reihenfolge genannt:
1. Die Gemeinschaft untereinander
2. Das Vertrauen, die Offenheit untereinander
3. Die Möglichkeit, sich über Fragen des Glaubens auszutauschen

Abschließend würde ich Ihnen noch gerne einige Fragen zu Ihrer Person stellen.

44) –

45) Wie alt sind Sie?

unter 21	0,0
21-29	7,3
30-39	23,7
40-49	25,2
50-59	24,8
60-69	11,8
70-…	7,3

46) Sind Sie

Mann	26,4
oder Frau?	73,3

47) Welche Stellung im Erwerbsleben nehmen Sie ein?

Arbeiter	5,0
Angestellter	19,4
Beamter	8,1
In Ausbildung	1,9
Im Haushalt	41,4
Im Ruhestand	15,9
Im Wehr-, Zivildienst	0,0
Selbständiger	8,1

48) Welchen Schulabschluß haben Sie?

Keinen Abschluß	0,4
Volksschule bzw. Hauptschule	35,1
Mittlere Reife, Fachschulabschluß	38,5
Abitur	6,9
Fachhochschulabschluß	6,1
Hochschulabschluß	13,0

49) Welcher Glaubensgemeinschaft gehören Sie an?

Keiner	0,4
Bin ausgetreten	0,4
Evangelisch	95,0
Katholisch	1,7
Freikirchlich	2,7
Anderer	0,0

50) Falls Sie evangelisch sind: Zu welcher Kirchengemeinde gehören Sie?

Zur Gemeinde, in der sich der HK trifft	78,7
Zu einer benachbarten Gemeinde	16,2
Zu einer weiter entfernten Gemeinde	5,1

Anhang II

Fragebogen für Pfarrer

1) Wieviele Hauskreise (im Folgenden „HK" abgekürzt) gibt es in Ihrer Gemeinde?

Weiß ich nicht	0,0
Es gibt etwa ... HK	Total:
Es gibt exakt ... HK	100,0

2) Falls es mehr als einen HK gibt: Gibt es einen Kreis, der die „HK-Arbeit" in der Gemeinde begleitet oder koordiniert?

Nein	35,4
Ja, es gibt eine gemeinsame HK-Vorbereitung	4,2
Ja, es gibt ein Treffen von HK-Verantwortlichen	37,7
Ja, es gibt	22,9

3) Haben Sie Kontakt zu den einzelnen HK in Ihrer Gemeinde?

Nein 7,3
Ja, es besteht ein lockerer Kontakt 45,5
Ja, es besteht ein regelmäßiger Kontakt 47,3

4) Fördern Sie die Bildung weiterer HK in Ihrer Gemeinde?

nein 24,5 ja 75,5

5) Warum tun Sie es bzw. warum tun Sie es nicht?

Am häufigsten wurde in folgender Reihenfolge geantwortet:
Nein: 1. Soll der Initiative von Laien überlassen bleiben
2. Schlechte Erfahrungen mit HK
Ja: 1. Christl. Gemeinschaft fördern
2. Möglichkeit bieten, über den Glauben zu sprechen
3. Wichtig für Glaubensvertiefung; wichtig für Gemeindeaufbau

6) Gehören Sie selbst zu einem HK?

nein 42,9 ja 57,1

7) Nehmen Sie manchmal an einem HK, zu dem Sie nicht fest dazugehören, teil?

nein 36,4 ja 63,6

8) Haben Sie die einzelnen HK in Ihrer Gemeinde einmal besucht?

nein 20,4
z. T. 27,8
ja 51,9

9) Falls nein oder zum Teil: Was ist der Grund dafür?

Die HK möchten unter sich bleiben 31,6
Die HK möchten keinen Besuch des Pastors 15,8
Ich hatte keine Zeit dazu 42,1
Ich interessiere mich nicht für die HK 21,1
Ich bin gegen HK 0,0

10) Wie oft treffen sich die meisten HK in Ihrer Gemeinde?

Weiß ich nicht	0,0
Wöchentlich	23,2
Vierzehntägig	50,0
Dreiwöchentlich	3,6
Monatlich	23,2
Seltener	0,0

11) Wie sind die HK entstanden? Wer hat die Bildung eines HK angeregt?

Initiative von Laien (Häufig im Anschluß an Grundkurs des Glaubens)	43,9
Initiative von Hauptamtlichen (z. B. Pfarrer)	42,1

12) Wissen Sie, was bei den einzelnen HK-Zusammenkünften abläuft?

Nein	1,8
Zum Teil	54,5
Ja, ziemlich genau	43,6

13) Kennen Sie die Namen der Menschen, die sich in Ihrer Gemeinde in HK treffen?

Nein	0,0
Ja, zum Teil	16,4
Ja, ich kenne die meisten	83,6

14) Ermutigen Sie selbst Gemeindemitglieder zur Teilnahme an HK?

nein   14,3   ja   85,7

15) Haben nach Ihrer Einschätzung Gemeindemitglieder durch die Teilnahme am HK die Teilnahme an anderen Gemeindeveranstaltungen eingeschränkt?

Überhaupt nicht	58,2
Kaum	29,1
Etwas	10,9
Stark	1,8
Sehr stark	0,0

16) **Haben nach Ihrer Einschätzung Menschen durch die Teilnahme am HK neu zur Kirchengemeinde gefunden?**

nein   20,4   ja   79,6

17) **Haben nach Ihrer Einschätzung Menschen durch die Teilnahme am HK zum ersten Mal ein Verhältnis zum christlichen Glauben bekommen?**

nein   34,7   ja   65,3

18) **Sind die HK von sich aus bemüht, mit der Gemeinde in Kontakt zu stehen?**

nein   5,4
z. T.   35,7
ja   58,9

19) **Sind Sie von sich aus bemüht, mit den HK in Kontakt zu stehen?**

nein   11,1   ja   88,9

20) **Wurden Sie von Beteiligten informiert, als sich einzelne HK bildeten?**

Nein	13,6
Ja, ich wurde zum Teil informiert	15,9
Ja, ich wurde zum Teil in die Bildung miteinbezogen	6,8
Ja, ich wurde jedesmal informiert	18,2
Ja, ich wurde jedesmal in die Bildung miteinbezogen	45,5

21) **Beteiligen sich einzelne HK-Teilnehmer am Gemeindeleben?**

Nein	0,0
Ja, zum Teil	35,7
Ja, relativ viele	64,3

22) **Falls nein, worin sehen Sie den Grund dafür?**

Entfällt!

23) Übernehmen HK als Gruppe Aufgaben in der Gemeinde?

nein   43,4   ja   56,6

24) Falls ja, welche Aufgaben sind das?

Genannt wurde mit Abstand am häufigsten:
1. Mitgestaltung von Gottesdiensten
(Keine weiteren relevanten Nennungen!)

25) Welche Wünsche haben Sie im Blick auf die HK in Ihrer Gemeinde?

17,5: Verstärkte Gottesdienstteilnahme
15,8: Daß noch mehr HK entstehen
14,0: Daß Mitarbeiter aus den HK hervorgehen
Weitere häufigere Nennungen:
Offenheit für neue Teilnehmer
Mehr Integration in die Gemeinde
Mut zur Teilung
Mehr Begleitung, Hilfestellung und Schulung für die HK

26) Wie schätzen Sie den Stellenwert von HK für das Gemeindeleben ein?

Ganz unwichtig	0,0
Weniger wichtig	16,1
Wichtig	25,0
Sehr wichtig	58,9

27) Sehen Sie besondere Chancen für HK als Form der Gemeindearbeit?

nein   10,9   ja   89,1

28) Falls ja, welche?

Am häufigsten wurde in folgender Reihenfolge genannt:
1. Durch die überschaubare Gruppe Gemeinschaft (er)leben
2. Möglichkeit über Glaubens- und Lebensfragen zu reden
(Keine weiteren relevanten Nennungen!)

29) Sehen Sie besondere Gefahren bei HK als Form der Gemeindearbeit?

nein   35,2   ja   64,8

30) Falls ja, welche?

Am häufigsten wurde in folgender Reihenfolge genannt:
1. Cliquenbildung; Selbstgenügsamkeit
2. Elitäres Gehabe: „Wir sind die einzig wahren Christen!"
3. Abspaltung von der Gemeinde

31) Was sehen Sie als Hauptziel bzw. Hauptzweck eines HK an?
(Bitte nennen Sie 3 Bereiche – nach Wichtigkeit geordnet: 1.,2.,3.)

Insgesamt mit 1., 2. oder 3. wurde genannt:
Weiß ich nicht	0,0
Sich über gesellschaftspolitische Themen unterhalten	5,6
Gemeinschaft untereinander haben	68,5
Mehr über den Glauben erfahren	18,5
Gemeinsam die Bibel lesen	59,3
Menschen haben, denen man seine Probleme anvertrauen kann	38,9
Einander in schwierigen Situationen beistehen	24,1
Gemeinsam beten	37,0
Gemeinsam singen	9,3
Sich mit anderen über Fragen des Glaubens austauschen	50,0
Im Glauben weiterkommen	31,5
Sich in der Bibel besser zurechtfinden	9,3
Sonstiges	11,1

32) Was sehen Sie als Hauptziel bzw. Hauptzweck Ihrer Gemeindearbeit an?
(Bitte nennen Sie 3 Bereiche – nach Wichtigkeit geordnet: 1., 2., 3.)

Insgesamt mit 1., 2. oder 3. wurde genannt:
Gemeinschaft unter Christen	60,0
Angebot eines abgerundeten, kirchlichen Programms	14,5
(Gottesdienste, Kinder-, Jugend-, Seniorenarbeit etc.)	
Menschen in Notsituationen beistehen	45,5
(Sterbefall, Krankheit, Arbeitslosigkeit etc.)	
Unterweisung in christlicher Lehre	20,0
Religiöse Amtshandlungen durchführen	9,1
Menschen zu einer persönlichen Glaubenserneuerung führen	61,8
Zu gesellschaftspolitischen Themen Stellung nehmen	18,2
Menschen im Glauben weiterführen	65,5
Sonstiges:	16,4

33) –

Abschließend würde ich Ihnen noch gerne zwei Fragen zu Ihrer Person stellen.

34) Wie alt sind Sie?

Unter 30	3,7
30-39	42,6
40-49	37,0
50-59	13,0
60 Jahre und älter	3,7

35) Wie lange sind Sie in der jetzigen Gemeinde tätig?

Bis 2 Jahre:	17,0
3- 5:	30,2
6-10:	28,3
11-15:	13,2
16-20:	3,8
21 Jahre und länger:	7,5

Literaturverzeichnis

Kurt Aland (Hrsg.), Luther Deutsch. Bd. 6. Stuttgart/Göttingen ²1966. (Der Kurzbeleg lautet: Aland).
Paul Althaus, Die Theologie Martin Luthers. Gütersloh ⁶1983. (Althaus).
Dietrich Bonhoeffer, Gemeinsames Leben. München 1979. (Bonhoeffer).
Karl-Fritz Daiber/Ingrid Lukatis u.a., Erste Ergebnisse einer Untersuchung zur „Bibelfrömmigkeit". In: Erneuerung aus der Bibel. Hrsg. v. S. Meurer. Stuttgart 1982. S.159-167. (Daiber).
Axel Denecke, Die Chancen der Hauskreise in der heutigen Zeit. In: Rundbriefe der Gesellschaft Evgl. Akademie Niedersachsen 119 (1979). S. 33-54. (Denecke, Chancen).
Ders., Christliche Hauskreise – selbstgenügsam am Rande der Kirchengemeinde? In: Forum Loccum 2 (1982). S. 27-31. (Denecke, Christliche).
Erich Dinkler, Art. Dura-Europos III. In: Die Religion in Geschichte und Gegenwart. Bd. 2. Tübingen ³1958. S. 290-292. (Dinkler).
Michael Herbst, Konzeptionen des Gemeindeaufbaus. Ein Überblick. In: Gemeindewachstum 29 (1987). S. 30. (Herbst, Konzeptionen).
Ders., Missionarischer Gemeindeaufbau in der Praxis. In: Das missionarische Wort 6 (1990). S. 216-221. (Herbst, Praxis).
Ders., Missionarischer Gemeindeaufbau in der Volkskirche. Stuttgart ²1988. (Herbst, Volkskirche).
Helmut Hild (Hrsg.), Wie stabil ist die Kirche? Bestand und Erneuerung. Ergebnisse einer Umfrage. Berlin 1974. (Hild).
Johannes Christiaan Hoekendijk, Die Zukunft der Kirche und die Kirche der Zukunft. Stuttgart, Berlin ²1965. (Hoekendijk).
Werner Jetter, Ritual und Symbol. Anthropologische Elemente im Gottesdienst. Göttingen 1978. (Jetter).
Hans-Josef Klauck, Hausgemeinde und Hauskirche im frühen Christentum. (Stuttgarter Bibelstudien 103). Stuttgart 1981. (Klauck).
Hans-Joachim Kraus, Reich Gottes: Reich der Freiheit. Grundriß Systematischer Theologie. Neukirchen-Vluyn 1975. (Kraus).
Burkhard Krause, Verheißungsorientierter Gemeindeaufbau in der

Volkskirche. In: Das missionarische Wort 6 (1990). S. 207-212. (Krause).

Gottfried Kretzschmar, Die Gemeinde in ihren unterschiedlichen Erscheinungsformen. In: Handbuch der Praktischen Theologie. Bd. 1. Berlin 1975. S. 105-111. (Kretzschmar).

Werner Krusche, Schritte und Markierungen. Aufsätze und Vorträge zum Weg der Kirche. Göttingen 1971. (Krusche).

Karin Lorenz/Horst Reller, Alternative: Glauben. Missionarische Arbeitsformen in der Volkskirche heute. Gütersloh 1985. (Lorenz/Reller).

Martin Luther, Schriften. Weimarer Ausgabe. Bd. 19. Weimar 1897. (Luther).

Lutherisches Kirchenamt der VELKD (Hrsg.), Zur Entwicklung der Kirchenmitgliedschaft. Aspekte einer missionarischen Doppelstrategie. Hannover 1983. (Doppelstrategie).

Hans Joachim Margull (Hrsg.), Mission als Strukturprinzip. Ein Arbeitsbuch zu Fragen missionarischer Gemeinden. Genf 1968. (Margull).

Heino Masemann, Hauskreise – ohne Gemeindeaufbau eine vertane Chance. In: B. Schlottoff (Hrsg.), Gemeindeaufbau PROvokativ. Eine Perspektive für die Kirche von übermorgen. Neukirchen-Vluyn 1989. S. 77-86. (Masemann).

Wolfgang Raupp, Hauskreise – lebendige Steine im Bau der Gemeinde. Konstanz 1990. (Raupp).

Rainer Riesner, Formen gemeinsamen Lebens im Neuen Testament und heute. (Theologie und Dienst, H.11). Gießen ²1984. (Riesner).

Gerhard Ruhbach, Die Grundanliegen der Kirchenreform und Studienreform nach Philipp Jacob Speners Pia Desideria. In: Wort und Dienst. Jahrbuch der Kirchlichen Hochschule Bethel. NF Bd.12. Hrsg. v. H. Krämer. Bielefeld 1973. S. 105-120. (Ruhbach).

Rüdiger Schloz (Hrsg. v.d. Kirchenkanzlei der EKD), Kirchenaustritte als Herausforderung an kirchenleitendes Handeln. Hannover 1977. (Schloz).

Gerhard Schmidtchen, Gottesdienst in einer rationalen Welt. Religionssoziologische Untersuchung im Bereich der VELKD. Stuttgart/Freiburg 1973. (Schmidtchen).

Fritz Schwarz/Christian A. Schwarz, Theologie des Gemeindeaufbaus. Ein Versuch. Neukirchen-Vluyn ³1987. (Schwarz, Theologie).

Fritz Schwarz, Überschaubare Gemeinde. Bd.1: Ein persönliches

Wort an Leute in der Kirche. Herne 1979. (Schwarz, Gemeinde Bd.1).

Fritz Schwarz/Rainer Sudbrack, Überschaubare Gemeinde. Bd.2: Die Praxis. Gladbeck 1980. (Schwarz, Gemeinde Bd.2).

Fritz Schwarz/Christian A. Schwarz, Überschaubare Gemeinde. Bd.3: Programm des neuen Lebensstils. Gladbeck 1981. (Schwarz, Gemeinde Bd.3).

Philipp Jakob Spener, Pia Desideria. Hrsg. v. K. Aland. Berlin ³1964. (Spener, Pia Desideria).

Ders., Umkehr in die Zukunft. Reformprogramm des Pietismus – Pia desideria. Hrsg. v. E. Beyreuther. Giessen/Basel ⁴1986. (Spener, Umkehr). Neuauflage in Vorbereitung.

Reiner Strunk, Vertrauen. Grundzüge einer Theologie des Gemeindeaufbaus. Stuttgart 1985 (Strunk).

Peter Stuhlmacher, Exkurs: Urchristliche Hausgemeinden. In: Ders., Der Brief an Philemon. (Evangelisch-katholischer Kommentar zum NT). Neukirchen-Vluyn ³1984. S. 70-75. (Stuhlmacher).

Johannes Wallmann, Der Pietismus. (Die Kirche in ihrer Geschichte. Bd.4,O 1). Göttingen 1990. (Wallmann).

Rudolf Weth (Hrsg.), Diskussion zur „Theologie des Gemeindeaufbaus". Neukirchen-Vluyn 1986. (Weth).

Eberhard Winkler, Gemeindeaufbau. In: Handbuch der Praktischen Theologie. Bd. 1. Berlin 1975. S. 178-198. (Winkler).

Anmerkungen

1 Vgl. Schmidtchen; Hild; Schloz.
2 Vgl. Schloz 5.
3 Doppelstrategie 1.
4 AaO. 2.
5 AaO. 4-8.
6 AaO. 39.
7 Vgl. Klauck 30-41.
8 Das ist abhängig davon, wieviel historischer Hintergrund in der lukanisch-idealtypischen Schilderung des gottesdienstlichen Lebens der Urgemeinde verarbeitet wurde. Vgl. dazu Riesner 26f, der davon ausgeht, daß „die Angaben über die Jerusalemer Urgemeinde zwar nicht erschöpfend, aber im wesentlichen zutreffend sind".
9 Vgl. Stuhlmacher 71.
10 Vgl. Dinkler Sp. 290-292. Ein Grundriß des Hauses findet sich Tafel 10 nach Sp. 288. Vgl. auch Klauck 79.
11 So Stuhlmacher 72; anders Klauck 79, der bis zu 70 Personen annimmt.
12 Vgl. Stuhlmacher 73f.
13 Vgl. Klauck 37-41.
14 Stuhlmacher 74.
15 Vgl. Stuhlmacher 74; Klauck 99.
16 Klauck 102; ähnlich auch Stuhlmacher 74f.
17 Vgl. Luther 72-78.
18 AaO. 75, 3-8. (Die moderne Textfassung wird jeweils zitiert nach Aland).
19 AaO. 75, 8-13.
20 AaO. 75, 13f.
21 Vgl. Althaus 270-275.
22 Luther 75, 16-30.
23 Vgl. Wallmann 43-45.
24 Ruhbach 113; siehe auch 112; vgl. Wallmann 43.
25 Ruhbach 113.
26 Vgl. Ruhbach aaO.; vgl. auch Wallmann 48, der allerdings meint, daß Spener sich zu Unrecht auf Luther beruft: „Aber zwischen den

von Spener vorgeschlagenen Erbauungsversammlungen und Luthers viel weitergehender, den Sakramentsgebrauch einschließender ‚dritter Weise des Gottesdienstes' besteht keine Verwandtschaft, weder in der konkreten Form, noch in der Funktion, noch im biblischen Beleg. Der Gedanke, neben dem öffentlichen Gottesdienst besondere Versammlungen nach dem Muster von 1 Kor 14 einzuführen, entstammt der reformierten Kirche."

27 Vgl. Spener, Pia Desideria 53,31 – 55,12.
28 AaO. 55,14-19. (Die moderne Textfassung wird zitiert nach: Spener, Umkehr).
29 Vgl. aaO. 55,22 – 56,7.
30 Außer vom Pietismus empfingen manche Hauskreise auch Impulse aus der christlichen Studentenbewegung und der evangelischen Akademikerschaft. Vgl. Lorenz/Reller 101.
31 Winkler 178f.
32 M. Herbst hat sich mit seiner Dissertation „Missionarischer Gemeindeaufbau in der Volkskirche" in der wissenschaftlichen Theologie als Fachmann für Fragen des Gemeindeaufbaus ausgewiesen. Zum erwähnten Überblick vgl. Herbst, Konzeptionen. Den ursprünglichen Gedanken, auch den Entwurf vom M. Herbst selbst („Kybernetisches Programm") in die Erörterung einzubeziehen, habe ich fallen lassen. Einerseits weil seine Gedanken zur Hauskreisarbeit mit denen von F. Schwarz weitgehend übereinstimmen und andererseits die Entwicklung des „Kybernetischen Programms" noch nicht abgeschlossen ist. Vgl. Herbst, Praxis 216-221.
33 R. Strunk, Bd.1. S.89; hält es im Blick auf diese Konzepte deswegen für notwendig, einen „evangelistischen" und einen „missionarischen" Ansatz zu unterscheiden.
34 Vgl. zum Folgenden auch Herbst, Volkskirche 176-189.
35 Vgl. dazu Krusche 133.
36 Vgl. aaO. 136f.
37 Vgl. aaO. 114.
38 Hoekendijk 95.
39 Vgl. Krusche 113.151f; Hoekendijk 96.
40 Hoekendijk 96.
41 Vgl. Margull 35; Krusche 151.
42 Krusche 136; vgl. auch 109f.
43 Vgl. aaO. 137.

44 Vgl. aaO. 138f.
45 Margull 44f; vgl. auch Krusche 141f.
46 Vgl. Krusche 140.142.
47 AaO. 142.
48 AaO. 141.
49 Vgl. aaO. 142-144.
50 Vgl. aaO. 144f.147.
51 AaO. 150.
52 Vgl. aaO. 124.153-155.
53 Vgl. aaO. 155f; vgl. auch 118-123, wo Krusche davon spricht, daß sie aufnahmefähig und ausstrahlungskräftig sein und aussendungstüchtig machen müsse.
54 Vgl. dazu auch Herbst, Volkskirche 184-188.
55 Vgl. Krusche 116f.
56 Margull 224; vgl. Krusche 159.
57 Vgl. Krusche 157f.
58 Vgl. aaO. 118f; Herbst, Volkskirche 186f.
59 Vgl. Krusche 122f.160.
60 Krusche geht 119f ausführlich darauf ein.
61 Vgl. Krusche 158f; Hoekendijk 38.41f.
62 Vgl. Hoekendijk 41f.
63 Vgl. aaO. 38.
64 Vgl. aaO. 27f.38.
65 AaO. 28.
66 Krusche 119; ähnlich Hoekendijk 38.
67 Krusche 119.
68 Vgl. aaO. 120.
69 AaO.
70 Vgl. aaO. 120.
71 Unter dieser Bezeichnung ist das im Folgenden dargestellte Konzept erprobt worden. Vgl. Schwarz, Gemeinde Bd.1. 7.
72 Vgl. Schwarz, Theologie; ders., Bd. 1-3.
73 Vgl. ders., Theologie 24-27.
74 AaO. 34.
75 AaO. 44.
76 Vgl. aaO. 27-33, wo dieser Ansatz in Anlehnung an E. Brunner, H. Gollwitzer und H.-J.Kraus entwickelt wird. Vgl. aaO. auch 200-206.
77 Vgl. aaO. 61-63. Interessanterweise wird hier im Zusammenhang

mit der Definition von Gemeindeaufbau auf die bereits mehrfach erwähnten Äußerungen Luthers in seiner Vorrede zur Deutschen Messe rekurriert!

78 Vgl. aaO. 180-186 bzw. 186-194.
79 Vgl. aaO. 194-199.
80 Vgl. aaO. 208-227.
81 Vgl. aaO. 78-80; vgl. ders., Gemeinde Bd. 1 27.
82 Vgl. ders., Theologie 81-85.
83 Vgl. aaO. 78f. 98-101.
84 Vgl. aaO. 121-123.
85 AaO. 128.
86 Vgl. aaO. 129-131; ders., Bd. 2 106-110.
87 Vgl. ders., Theologie 131f; ders., Bd. 2 110-114.
88 Vgl. ders., Theologie 132-134; ders., Bd. 2 115-118.
89 Vgl. ders., Theologie 134f; ders., Bd. 2 119-122.
90 Vgl. ders., Theologie 136-139; ders., Bd. 3 138-177.
91 Vgl. ders., Theologie 151.
92 Vgl. aaO. 233-238.
93 AaO. 249.
94 Vgl. ders., Bd. 2 25.
95 Vgl. ders., Bd. 2 45; siehe auch das Schaubild in: ders., Theologie 213.
96 Vgl. ders., Bd. 1 45-62; ders., Bd. 2 40-43.
97 Vgl. ders., Bd. 2 106-122; ders., Bd. 2 45.
98 Vgl. dazu und zum Folgenden besonders das Schaubild in: ders., Theologie 213.
99 Vgl. ders., Bd. 2 43-49.
100 Vgl. ders., Bd. 2 126-161; ders., Bd. 1 45.
101 Vgl. ders., Bd. 2 162.
102 Ders., Bd. 3 169; vgl. aaO. 138ff; ders., Theologie 214.
103 Vgl. ders., Bd. 2 162; vgl. auch das Beispiel in: ders., Theologie 126.
104 Vgl. Bd. 1 62.
105 Vgl. das Beispiel in: ders., Theologie 207.
106 Vgl. aaO. 146f.
107 Vgl. das Beispiel in: aaO. 126.
108 AaO. 225.
109 Vgl. aaO. 164-168.
110 Vgl. aaO. 127.
111 AaO. 187.

[112] Vgl. zur „Kirche für andere" die m. E. konstruktive Kritik bei Krusche 162–175. Außerdem Herbst, Volkskirche 192–198. Zur „Überschaubaren Gemeinde" die weiterführende Diskussion in: Weth. Außerdem Herbst, Volkskirche 301–304.
[113] Krusche 162.
[114] Vgl. dazu auch A. Haarbeck in: Weth 18–34.
[115] Andererseits ist auch deutlich, daß die „Überschaubare Gemeinde" teilweise strukturelle Reformvorschläge der „Kirche für andere" aufnimmt.
[116] Für die Auswahl der zu befragenden Pfarrer war es maßgeblich, daß sich in ihrer Gemeinde mindestens eine Gruppe trifft, bei der es sich nach dem Verständnis des Pfarrers um einen Hauskreis handelt. Die Hauskreisteilnehmer wurden – der Vergleichbarkeit wegen – unter dem Gesichtspunkt ausgewählt, daß es sich bei ihren Hauskreisen um Gruppen handelt, die sich mehrheitlich aus landeskirchlichen Mitgliedern zusammensetzen.
Insgesamt wurden 101 Fragebögen an Pfarrer aus 62 verschiedenen Land- oder Kleinstadtgemeinden im Raum der Hannoverschen Landeskirche versandt. 57 Pfarrer aus 49 verschiedenen Gemeinden sandten die Fragebögen ausgefüllt zurück. Bei mehreren angeschriebenen Pfarrern einer Parochie hat also meistens nur einer zur Hauskreisarbeit der Gemeinde Stellung genommen. Bezüglich der befragten Gemeinden ergibt sich damit eine erstaunlich hohe Rücklaufquote von 79%.
Die Fragebögen für Gemeindeglieder wurden in 530 Exemplaren an 61 Hauskreise in 20 verschiedenen Gemeinden verteilt. Von 275 Personen, die zu 43 verschiedenen Hauskreisen in 20 Kirchengemeinden gehören, wurden die Fragebögen zurückgesandt. Bezogen auf die Personen beträgt die Rücklaufquote 51,9%, bezogen auf die Hauskreise 70,5% und bezogen auf die Kirchengemeinden 100%.
[117] Die Fragebögen wurden so entworfen, daß sie auch allgemeine Daten erfragen, die für meine Zielvorgabe von untergeordneter Bedeutung sind und daher auch nicht alle angeführt werden. Dies sollte den Befragten, die ja über eine sehr persönliche Form der Gemeindearbeit befragt wurden, den ungezwungenen Umgang mit dem Fragebogen erleichtern.
[118] Dies verbietet sowohl die relativ willkürliche Auswahl der Befragten als auch die Aussagekraft der Fragebögen. Einige Fragen aus

den Bögen bleiben bei der Auswertung unberücksichtigt, weil sie keine signifikanten Ergebnisse für das Thema dieser Arbeit aufweisen. Das liegt in einigen Fällen daran, daß die von mir gewählten Formulierungen in den Fragebögen nicht präzise oder differenziert genug waren.

[119] Vgl. auch Denecke, Christliche. Dort wird eine ähnliche Befragung aus dem Jahr 1982 ausgewertet. Sie bestätigt wesentliche Ergebnisse meiner Erhebung.

[120] Vgl. die Definition von „Kerngemeinde" bei Kretzschmar 106f.

[121] Vgl. dazu auch Masemann.

[122] Vgl. Bonhoeffer 14.

[123] Während das Vorhandensein von Informations- und Sympathieebene konstitutiv dafür ist, daß ganzheitliche Kommunikation gelingt, ist das Fehlen der Aktionsebene offenbar bis zu einem gewissen Maß entbehrlich. Bei den untersuchten Hauskreisen jedenfalls lag das Schwergewicht auf der Informations- und Sympathieebene, die Handlungsebene war häufig sehr schwach oder gar nicht ausgeprägt. Vgl. auch Denecke, Chancen 40-42.46.50-53.

[124] Vgl. dazu auch Krause 210: „Die tragende Grunderfahrung, in der der Glaube sich vertieft und wächst, ist nicht primär eine individuelle, sondern eine soziale Erfahrung. Erst in der Entdeckung von Schwestern und Brüdern wird der ganze Christus entdeckt. Erst in der erlebbaren Teilhabe am Leib Christi entfaltet sich die geistliche Einzelbiografie."

[125] Doppelstrategie 2.

[126] Vgl. Apg 2,42. Hier werden christliche Lehre, Gemeinschaft, Abendmahl und Gebet als Grundformen der Lebensgestaltung und Frömmigkeit in der urchristlichen Gemeinde genannt.

[127] Daiber 158.

[128] Vgl. Doppelstrategie 2.

[129] Vgl. aaO. 27, wo dies als Leitlinie für die missionarische Doppelstrategie genannt wird.

[130] Krusche 114.

[131] Vgl. Denecke, Chancen 46.

[132] So auch aaO. 30.

[133] Vgl. Raupp 54: „Ein Unbehagen sucht Argumente".

[134] Hier sind jetzt nicht jene Gruppen genannt, die, vielfach aus theologischen Gründen, bei der Gemeindeleitung regelmäßig Ablehnung oder eine Neutralisierung ihres Engagements erleben. Das ist noch ein anderes Problem.

[135] Natürlich kann es auch sein, daß Hauskreise – aus vielerlei Gründen – von der Gemeindeleitung aus der Gemeinde herausgedrängt werden.
[136] Jetter 231. Vgl. auch 225-244, wo Jetter eine „großkirchliche" (dazu ist die institutionelle Form des christlichen Gottesdienstes zu zählen) und „gruppengemeinschaftliche" Gottesdienstpraxis (dazu sind Hauskreise zu zählen) voneinander unterscheidet. 233: „Die positiven Möglichkeiten der gruppengemeinschaftlichen Praxis sind immer wieder verlockend. In allen christianisierten wie in allen nachchristlichen Epochen schwelt ja die Frage nach einem authentisch gelebten Christentum überall unter der Decke der verbrauchten christlichen Selbstverständlichkeiten. Der Ruf nach mehr religiöser Verbindlichkeit findet dann bei vielen ein Echo, die von der ‚großkirchlichen', angeblich oder auch wirklichen Unverbindlichkeit enttäuscht sind." Für die „kleine Gruppengemeinschaft" gilt: „Die Lücken der großkirchlichen Praxis scheinen sich hier endlich zu schließen: es gibt dann – hoffentlich – mehr Lebensverbundenheit, mehr konkreten Nächstendienst, ein klares Bekenntnis, ein überzeugendes Einverständnis, deutlichere ... Möglichkeiten der Abgrenzung, die das eigene Selbstgefühl und das Wirgefühl steigern."
[137] Kraus 391.

*Vorbereitungshilfen für Hauskreis- und Jugendarbeit,
Bibelstunde und Gemeinde*

Jürgen Blunck
Bausteine für die Bibelarbeit

Band 1: Matthäus bis Johannes
274 Seiten, Paperback

Band 2: Apostelgeschichte bis Offenbarung
280 Seiten, Paperback

In den vorliegenden Büchern erarbeitet der Verfasser mehr als 160 Kerntexte aus dem Neuen Testament. Für die praktische Gemeindearbeit werden sie beispielhaft ausgelegt. Schwierige Textstellen werden erläutert, der Zusammenhang dargestellt sowie die Hauptaussage deutlich gemacht.

Fragen führen an den Text heran, in den Text hinein und helfen bei der Umsetzung des Textes in den Alltag. Kurz gesagt: Jürgen Blunck liefert eine gründliche Auslegung der Bibeltexte in allgemeinverständlicher Sprache für den Mitarbeiter in der Gemeinde. Die Bausteine kürzen die Vorarbeiten für den Gesprächs- oder Gruppenleiter enorm ab, zwingen aber ansonsten in keinerlei Formen. Das Werk ist vielseitig einsetzbar und eine wesentliche Arbeitshilfe in jeder Mitarbeiterbibliothek.